つるちゃんの 超わかりやすい

果樹のせん定 完全攻略

鶴 竣之祐 著

どの枝を切ればいい？

農文協

はじめに――庭の果樹もあなたも幸せになるために

せん定しなくても樹は育つ

せん定初心者の多くは、「せん定すればよりよい実がなり、おいしくなる」という漠然とした期待を抱いています。しかし、実際には多くの庭先果樹にはすでに十分な果実が実っています。

あなたが1本の樹からデパートに売っているような最高級品を50kg収穫したいと思っているのであれば話は別ですが、庭先果樹のせん定は教科書通りである必要はありません。これまで数千人の方々にせん定講座をしてきた筆者の経験からいえるのは、せん定をしようと思った目的は「なんとなく樹はせん定するものだと思っているから」「樹が大きくなりすぎて困っているから」の二つに集約されます。

まず、樹はせん定しなくてもちゃんと育ちます。果樹というものは品種改良のペースがとても遅い。いまだに100年前の品種も現役でバリバリ活躍しています。最近の品種だと思われているシャインマスカットだって、最初に交配されたのは昭和の時代なんです。つまり、花や野菜に比べてまだまだ野生に近い植物です。山に生えている野生の木々はせん定なんてしなくてもすくすく育ち、果実を実らせています。変にいじる必要はありません。

つるちゃん
鶴 竣之祐（つる しゅんのすけ）
ノウカノタネ株式会社代表。福岡市でスモモ、モモ、ナシなどの果樹園を40a、雨よけハウスや露地40aで野菜を栽培して直売所販売。園芸講師やYouTube、Podcastでの発信もしている彼らはとても自律した生物なので、自分でちゃんと考えて生きています。水さえあれば、ほかは放置しても生きていけるのです。逆にいうと水は大切ですので、乾燥していたらしっかりあげてください。

なんとなく切ったほうがよいと思っていただけの人は、安心してここで本書を閉じて本棚に戻してもらえば、あなたとあなたの果樹は幸せになることができます。

具体的に不具合が起きている場合、樹が高くなりすぎて届かなくて困っている、横に伸びすぎて邪魔になって困っているのであれば、100ページからの記事だけお読みください。邪魔な部分をバッサリ切れば解決するので、そのページを立ち読みして本棚に戻せばあなたは幸せになることができます。バッサリ切ることで枯れる確率は０％ではないのですが、老い先短い樹だったり、夏の暑い時期に切ったりしなければ、そうそう枯れはしないでしょう。

庭先果樹の目的はあなたが幸せになることです。毎日通るたびに顔に引っかかったり、届かなくて収穫できず腐って落ちた実を片づけたりしているだけの果樹は、あなたを不幸にしているので本末転倒なのです。

栽培をしたい人へ

それでもせん定をやりたい人は、何をしたいのかというと、栽培をしたい人のはずです。人類は約１万年以上前、放置されている山の果樹から採集する生活をしていましたが、あるとき収穫を目的に自分で管理する農耕という手法を開発しました。縄文時代の日本人はおいしいクリの樹などを集落の近くに植え付けて探す手間を省いていたといわれますが、基本的には放置してなっていたものを採集していたわ

庭で高く伸びたプルーンの樹

けです。

「私はたまたまなっていた果実を採集するのではなく、栽培をしたいのだ！　なぜなら文明人なのだから！」と息巻く人のために本書はあります。

自然状態で十分生長し、十分な果実を実らせるけれども、「より大きくおいしい果実を、よりたくさん、そしてより人間にとっても植物にとっても効率的な状態になるように制御して、もっとお互いが仲よくなり、幸せを増幅させていきたい」と思える人に対して、人類が積み重ねた栽培という技術の基礎を本書で解説しています。

基礎とは、簡単でわかりやすいという意味ではありません。せん定講座をすると、枝先を見て「どう切ったらいい？」とよく質問されます。その疑問に答えるだけなら簡単で、みなさんその場では納得するのですが、帰って自分の樹の前に立つとたんにわからなくなります。せん定ができるようになるために重要なのは枝先の切り方ではなく、樹全体の骨格をどうするか、実のなる枝をどう配置するかといった基礎の部分です。そのややこしい基礎をできるだけわかりやすいように解説した人気動画「【図解】剪定基礎講座・総まとめ」（YouTube「科学的に楽しく自給自足ch」）を書籍化したのが本書になります。

基礎知識のよい部分は、どんな樹であれ普遍的に共通している内容がほとんどだということです。本書をすべて理解したら、初めて見た樹や本書で触れられていないマイナー果樹でも、その特徴に合わせて応用的に対応できるようになると思います。

人類が積み重ねてきたせん定技術の世界を楽しんでいただければ幸甚です。

果樹講座を十数年受講してくれている、河原田信毅さんのスモモの樹。手の届く範囲で、毎年きれいな花を咲かせて実をつける。住宅地の中のオアシスのような空間

目次

読み方案内——二つの失敗を理解すれば、庭先果樹はうまくいく

樹が暴れる、花が咲かなかった

せん定の大失敗としてよく聞く内容を集約すると、「低くするために適当なところで切りそろえて樹が暴れてしまった」「花や果実がなる枝を切り落として花が咲かなかった」の二つがあると思います。

誤った切り方をすると、花が咲かず葉だけが茂るような強い枝ばかりになる、たとえ花が咲いたとしてもまばらで果実もおいしくない、という結果に陥ってしまいます。

なので、これらの失敗を起こさずに果樹のせん定を遂行できれば、あなたは上級果樹園芸家です。本書で伝えたいせん定の極意は次の二つだけ。これをいろんな言葉を使ってさまざまな角度からああだこうだ理屈をつけて解説しているにすぎません。

（1）高くなっている（高くなっていきそうな）太い枝を付け根からノコギリ◆で抜いて樹の内部まで光を届けること

（2）それぞれの果樹にとって異なる、花が咲く枝と咲かない細々とした枝の違いを見極めて、できるだけ花が咲く枝をたくさん配置する。

大枝を抜いて結果枝を更新

交差していたり立ち上がっていたりする大枝を切り抜く！ そして骨格がすっきりしたら、あとは果実が実る結果枝◆を見定めて毎年更新していけばよいのです。

この2点が庭先果樹のせん定の基本で、「つるちゃん的 せん定の原理 最低限知っておきたい基本編」（P18～35）と、「実のなる枝の結果習性」（P36～53）のコーナーで詳しく解説しました。まずはここを読めば、せん定の第一歩を踏み出せるはず。

少し余裕ができたら「つるちゃん的せん定の原理 もうちょっと詳しく深掘り編」（P54～72）を読んでみてください。目に見えない樹の根っこと地上部の関係や植物ホルモン◆の話など、基本編で学んだ内容を裏付ける植物生理や、せん定の奥深い世界の一端をお見せします。

また、「出張せん定講座」（P74～103）では、実際に庭先果樹の植えてある家庭を訪問して、各お宅の具体的な

◆マークは14ページに用語解説あり

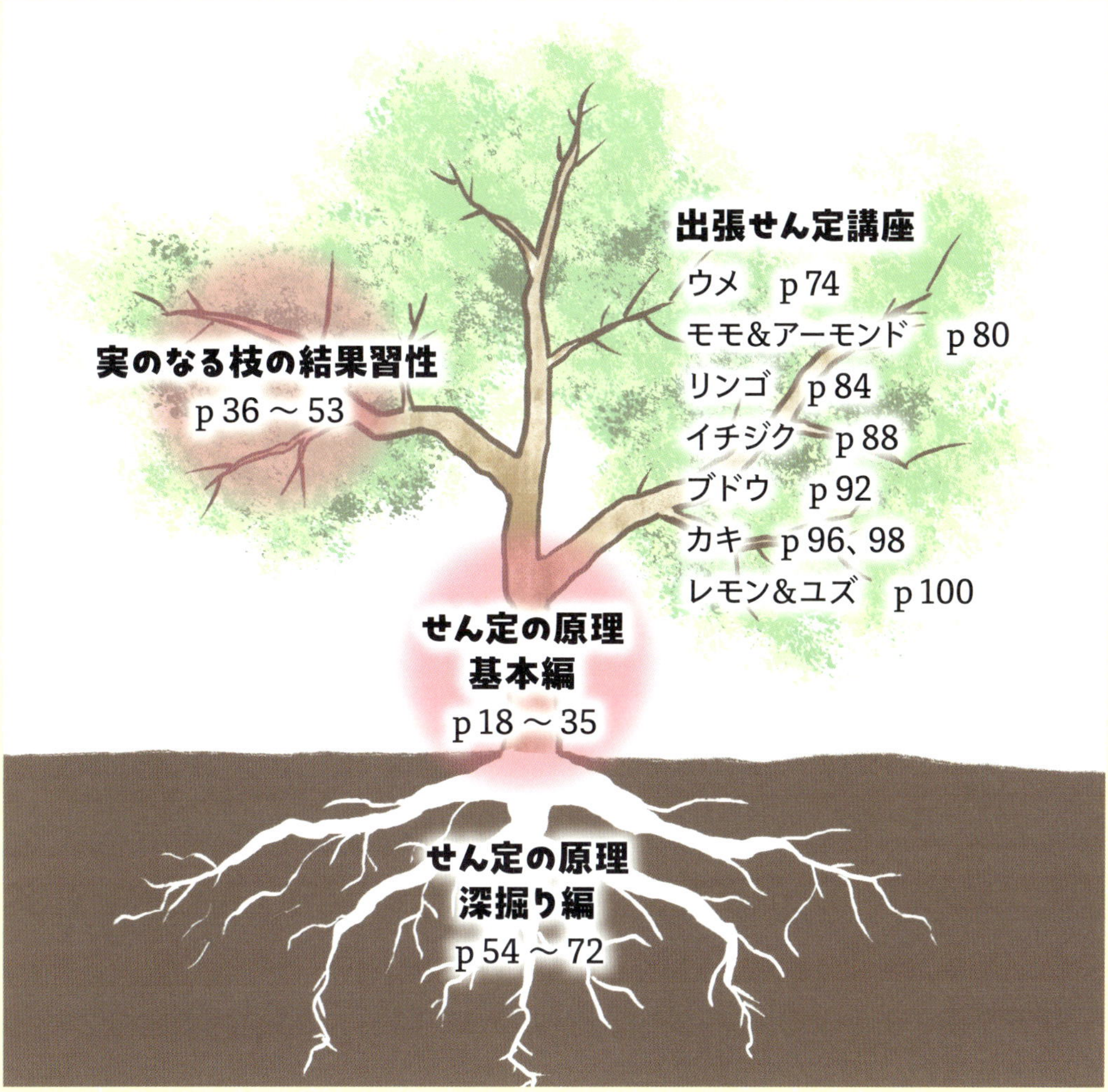

悩みに対して応用的に解決していった内容を紹介しています。インターネット上の動画ともリンクしているので、現場の雰囲気もあわせてご覧ください。

これさえあれば、せん定できる最低限必要な道具たち

刃の粗いノコギリ

刃が粗いタイプなら太枝でもざくざく切れる

ノコギリは刃が粗いタイプ

間違った道具を使うことで「せん定って大変、難しい」と感じる要因となる二つの道具を紹介します。

それはノコギリと脚立です。背丈を超えない程度の小さな樹であればどちらも必要ないかもしれませんが、そうでなければこの二つは間違いのないものをそろえておきましょう。

まずは、切れ味のよいノコギリです。高価なものを用意する必要はありません。切れ味の悪いノコギリを使うと作業が非効率になり、1本の太枝を切っただけで力尽きてしまうでしょう。

切れ味がよければ、太い枝もラクにスパッと切ることができます。ラクに切れることは、作業の安全性確保の面からも重要です。筆者のおすすめは刃が粗いタイプ。「チェンソーより早く切れちゃった！」と思うくらいラクに切断できるはずです。

四脚は不安定、三脚を

次に必要なのは、高所作業用の三脚です。果樹のせん定に、四脚や踏み台は不向きです。不安定な地面に設置すると、作業中に倒れてしまう危険性があるからです。もしあなたの切りたい樹の周りが、すべてコンクリートに覆

三脚

斜面でも安定した足場をつくれる

せん定バサミ

手頃なものを用意すればよい

四脚

平らな土地でないと不安定で危険

われていてフラットな状態であれば、四脚でも安定するでしょうが、そんなことはほとんどないでしょう。

　四脚は四本の脚すべてが着地していないと、途端に不安定になります。一方、三脚であれば1本の足を樹の反対側に回すことで、高い位置にも安定して設置できるし、斜面でも自在に安定した足場をつくることができます。

　これらの道具選びをおろそかにすると、作業がはかどらないだけでなく、事故のリスクも高まってしまいます。

せん定バサミは適当に

　あ、せん定バサミは適当なものをホームセンターで買って来てください。

　メジャーなものをいうなら、「岡恒」というメーカーの柄の色が赤白になった特徴的なやつです。日本ではありきたりなどこにでもあるせん定バサミですが、世界中の園芸ファンから〝OKATSUNE〟と愛用されている、日本ブランドです。色を似せた偽物（1000円以下）も近年増えてきたので、ご注意ください。

植え付けてから3年目までの管理

植え付けてすぐの頃は、まだまだ見ない幹や枝の具体的な話をされてもよくわからないし、イメージするのも難しいでしょう。

まずはややこしい話は抜きにして、しばらくはここで説明することだけをやっていきましょう。すでに5年生以上の大きな樹がある方は、このページは飛ばしてもらって結構です。

果実をつけないためのせん定

桃栗三年柿八年。果樹は植え付けて数年はぐっと我慢して枝葉の生長を促さなければなりません。小さな体に果実を実らせると負担が大きすぎて生長しなくなるので、実ってしまっても早めに摘果◆してはずしてあげましょう。

ミカン　3年目の仕立ての例

主枝候補となるのは赤色の3本の枝。左の主枝先端が内側の枝（矢印）より低いので、このままだと勢いが弱まってしまう

支柱を真ん中に立てて、マイカー線で両側の主枝先端を高くした（とくに左側）

【1年目】植え付け時期とせん定時期は同じタイミングです。落葉果樹だと冬（11月～2月頃）、常緑果樹だと春（2月～4月頃）になります。

　植え付けと同時に最初にするせん定については、落葉果樹であれば枝を1／3～1／2くらいカットしてしまいましょう。常緑果樹の場合は先端を1cm程度切っておくと、花が咲かずに強い枝だけが出ます。

【2年目】去年出た新しい枝の先端部分だけをカットします。あまり生長していなかった場合は、落葉果樹の場合、1年目と同様1／3くらい切り縮めたほうがよいでしょう。常緑果樹の場合は切りすぎると逆に弱るため、肥料を多めに与えましょう。

　基本的に生長が悪い理由は地面の下にあります。周囲をしっかり掘り返して堆肥をたっぷりと混ぜ、根が張りやすい土壌環境をつくってあげなければ、強く育ちません。あまりに生長が悪ければ、定期的に隔月でスプーン1杯の化成肥料を与えましょう。pHが合っていない可能性もあります。生長が悪いときはせん定云々よりも、土を疑いましょう。

【3年目】順調にいけば3年目にはどの枝を主枝にしていくべきか見極める程度に枝数が増えているので、主枝候補枝を選抜して育てていきます。

　ここからは果実も実らせながらせん定していくことになるので、「つるちゃん的 せん定の原理」（p17）の内容に入っても理解できるようになるでしょう。

　下に垂れ下がる枝は切り、主枝にしたい枝が上を向いていない場合はヒモなどで上に引っ張りあげます（右写真）。つる性果樹の場合は、棚やフェンスに張り付けていきましょう。

1年目

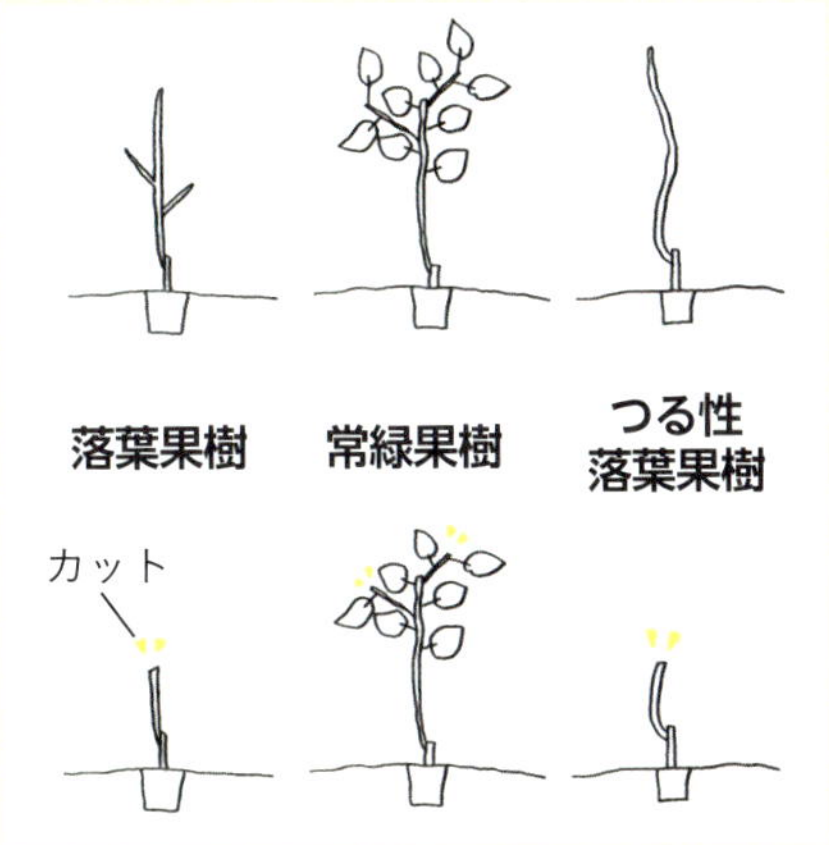

植え付けと同時にせん定。落葉果樹は枝の1/3～1/2をカットする

2年目

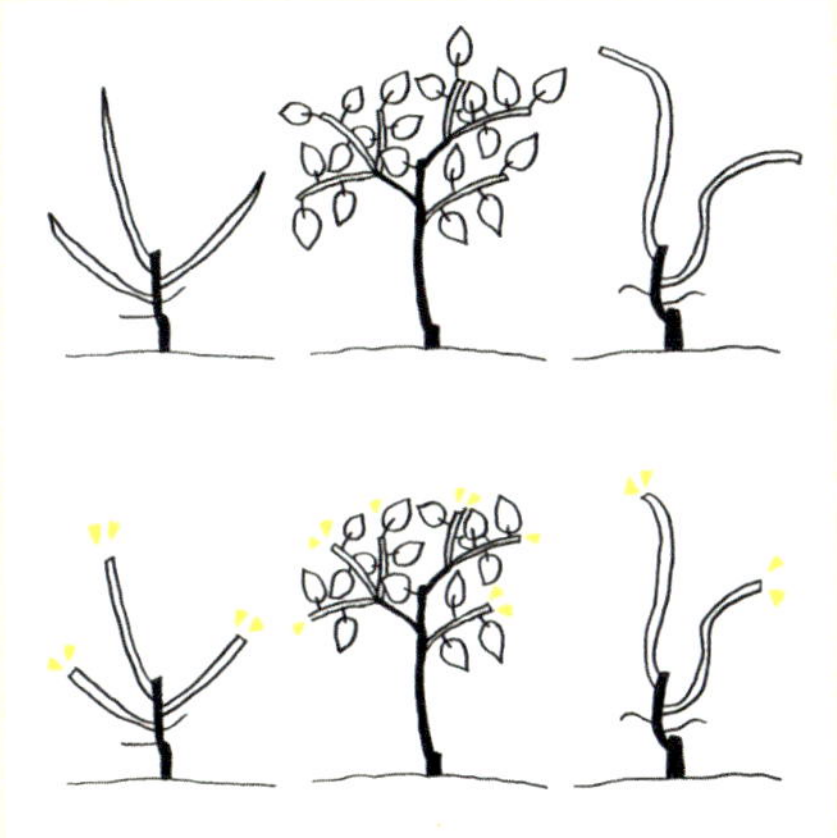

去年出た新しい枝の先端をカット。生長がよくないときは、落葉果樹なら1/3ほどカット。常緑果樹は肥料を多めに与える

3年目

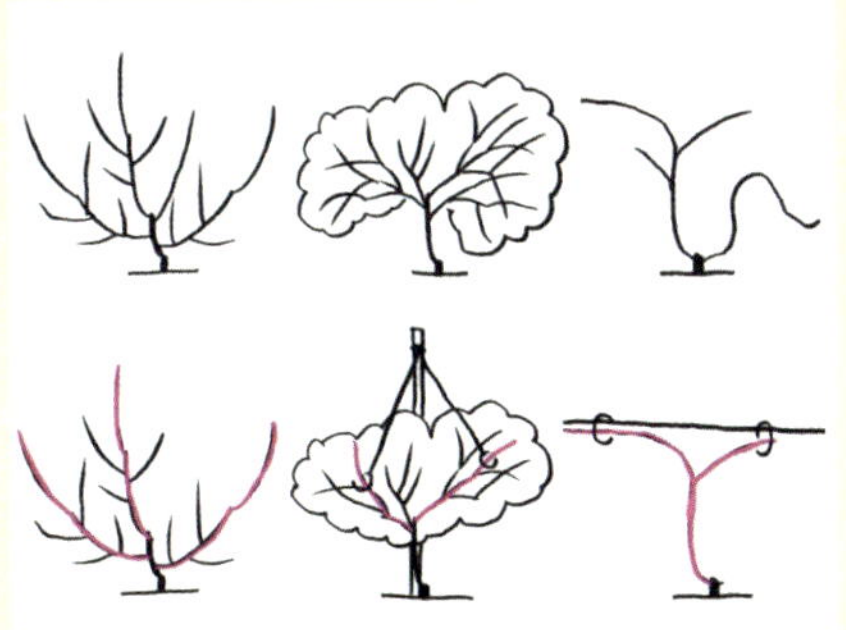

主枝候補枝を選んで育てる

まずは、枝の種類を知ろう

せん定対象となる枝の種類について理解を深めましょう。樹の種類によっていろいろあるのですが、あなたがこれから切っていく枝は大きく分けて5種類あります。

枯れ枝はすべて除去

一つ目は「◆枯れ枝」です。枯れた枝は表面につやがなくシワがよっていることが多いですが、枯れたばかりだとパッと見ただけでは判別がつきづらいことがあります。先端部分を少し切ってみると、枯れ枝の内部は茶色くなっています。これが復活することはあり得ないので、この部分はすべて除去しなければなりません。

花や実をつける力のある枝

二つ目は、今年伸びた長さ20㎝以下の「短い枝」です。

樹種にもよりますが、基本的に今年伸びた枝は色が少し違うものが多い（まだ完全に木質化していない）ので、慣れてくるとすぐに見分けられます。その1年生の枝の中でも、とくに短いこの枝たちは花や実をたくさんつける力をもっていることが多い。詳しくは結果習性のところ（p36〜53）で解説しますが、弱くて小さな枝だからといって一様に要らない枝だと判断しないようにしましょう。

三つ目は、これも今年伸びたばかりの1年生の枝でも、長さ20〜50㎝ほどの細長い枝です。とりあえず「長い枝」と呼んでおきましょう。太さは鉛筆程度で、そんなに太くはなく、かといって次にあげる◆徒長枝ほど太くはない枝。

短い枝

長さ20㎝以下。花や実をたくさんつける能力をもっている。◆短果枝、◆中果枝と呼ばれる（写真の枝はウメ、以下も）

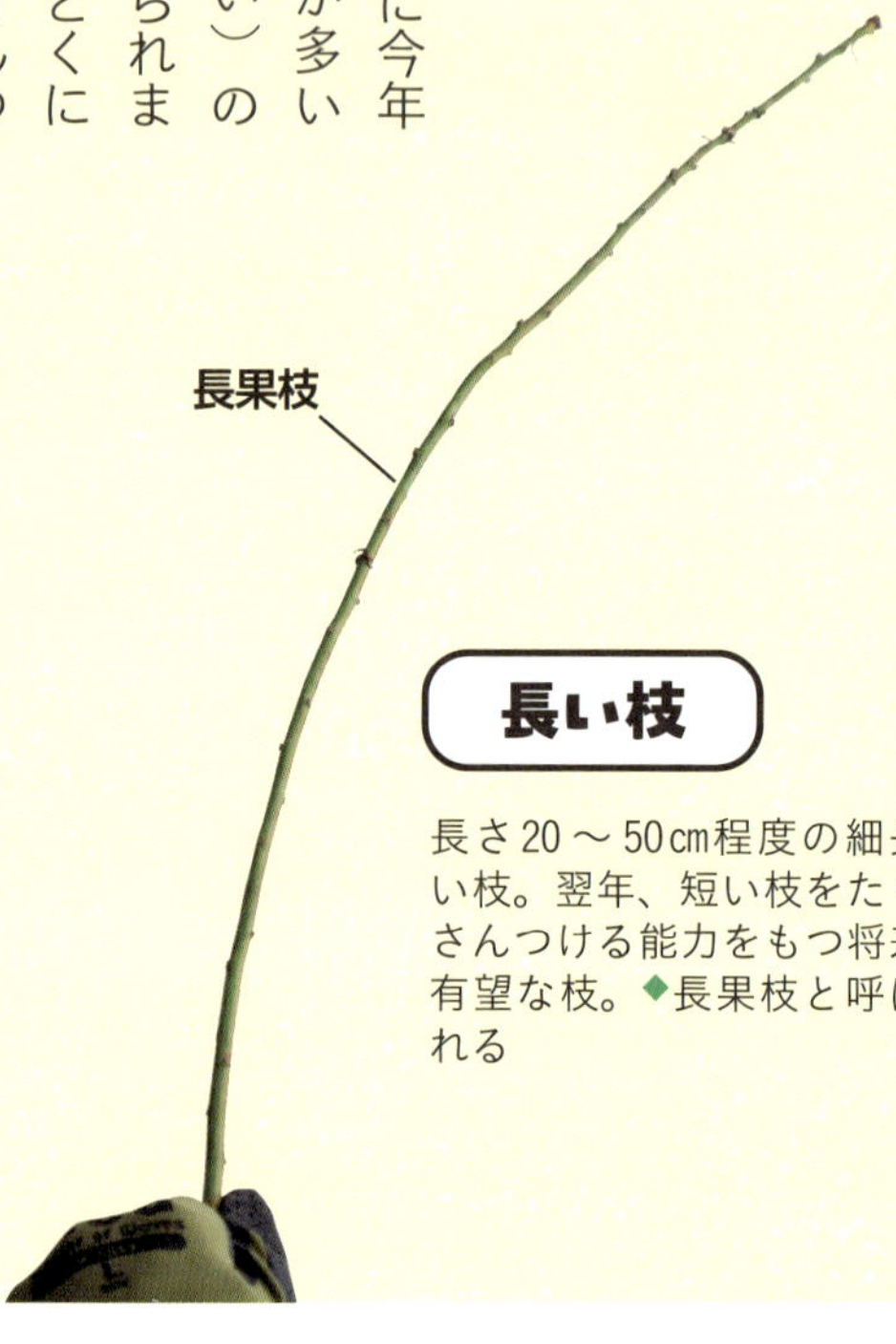

長い枝

長さ20～50㎝程度の細長い枝。翌年、短い枝をたくさんつける能力をもつ将来有望な枝。◆長果枝と呼ばれる

不調和に長く伸びた枝

四つ目は「徒長枝」です。これも今年伸びた1年生の枝ですが、ちょっと木質化して色も変化していることがあります。長さは樹種によりますが、不調和に太くて長すぎる枝で、1年で2~3mほど長大に生長したりします。

これは来年まで置いていてもほとんど枝葉しかつきません。花や果実は期待できないことが多いうえに高く上に伸びていくため、日照を遮ったりいたずらに高木化したりする原因となるので、まず切るべき枝といわれます。

樹の幹、骨格となる枝

五つ目は、ちょっと視点を広げて見てみましょう。一本一本の小さな枝はすべてカテゴライズできましたが、10歩下がって樹の全体を眺めると、これまでにあげた細い1年生の枝ではない、何年か経って木質化した「幹」で、地表面から先端までの骨格が形成されていることがわかります。常緑樹の場合は葉っぱで見えにくいですね。

これら「幹」は、その配置によって「主幹」「◆主枝」「◆亜主枝」などと正式には呼ばれるのですが、樹の骨格を形成するためにもっとも重要な枝であることは一目瞭然ですよね。「え⁉ まさかこの幹を切るの?」とそっと本を閉じることなかれ。ハサミでチョキチョキ切れる部分に関してのせん定は実質たいした意味はありません。もっとも重要な、太い枝を管理してこそのせん定作業です。毎年毎年おいしい果実を収穫するための、もっとも重要な部分です。

放置していた樹だと、最初の1回は大変ですが、やる価値のある作業ですから、まずは18ページから、骨格となる枝の役割を解説します。実際の作業に移る前に、これを頭に叩き込んでおくだけで、あなたの果樹ライフが一変します。せん定の90%はこの太い枝をどう切るかにかかっているのです。

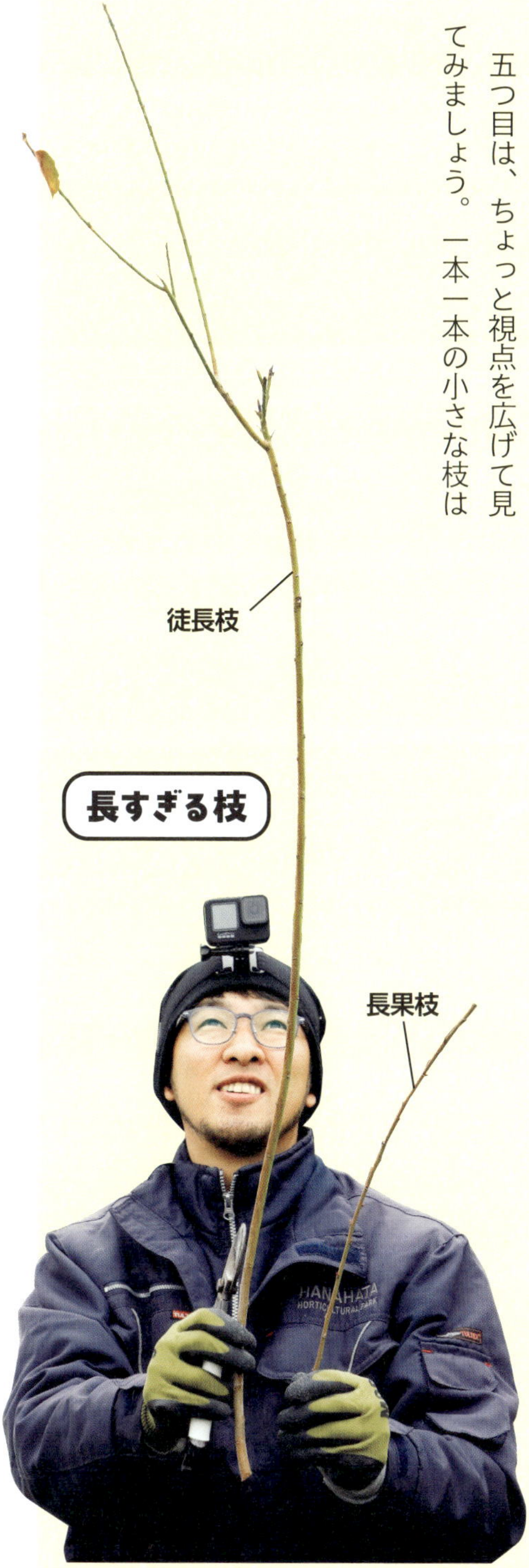

1年で長大に生長した枝。そのまま置いても枝葉しかつかず、花や実は期待できない。虫食いなどによるストレスで上部は◆2次生長し、枝分かれしている

果樹のことば解説

主枝（しゅし）
樹の幹から発生し、骨格となる枝。果樹を立ち木で仕立てる場合、お椀や盃に似た形の樹になるように主枝を配置すると、樹の内側まで太陽光が入りやすくなる。

亜主枝（あしゅし）
主枝から枝分かれし、主枝に次いで太い枝。やはり樹の骨格となる。

花芽（はなめ）
花や実になる芽。花になる芽と葉芽の両方を含む混合花芽と、花しかもたない純正花芽とがある。p36からの5分類では、モモ型のみが純正花芽。

葉芽（はめ）
葉や枝になる芽。

新梢（しんしょう）
当年に発生した枝。当年枝ともいう。

副梢（ふくしょう）
生育期に新梢のわき芽から発生する枝。

発育枝（はついくし）
花をつけずに葉だけをつけた枝。

徒長枝（とちょうし）
直立方向に伸びる生育旺盛すぎる新梢。樹形を乱す原因になるとされ、一般的にはせん定時に切る。

結果枝（けっかし）
花や実をつける枝。モモ型（p48）やリンゴ型（p50）の果樹で、短い結果枝のほうがよい実がなるといわれるのは、長くて勢いのある結果枝は枝葉づくりに養分を分配する傾向が強くなるためである。

長果枝（ちょうかし）
長い結果枝。樹種にもよるが、おおむね20～50㎝。

枝の名称

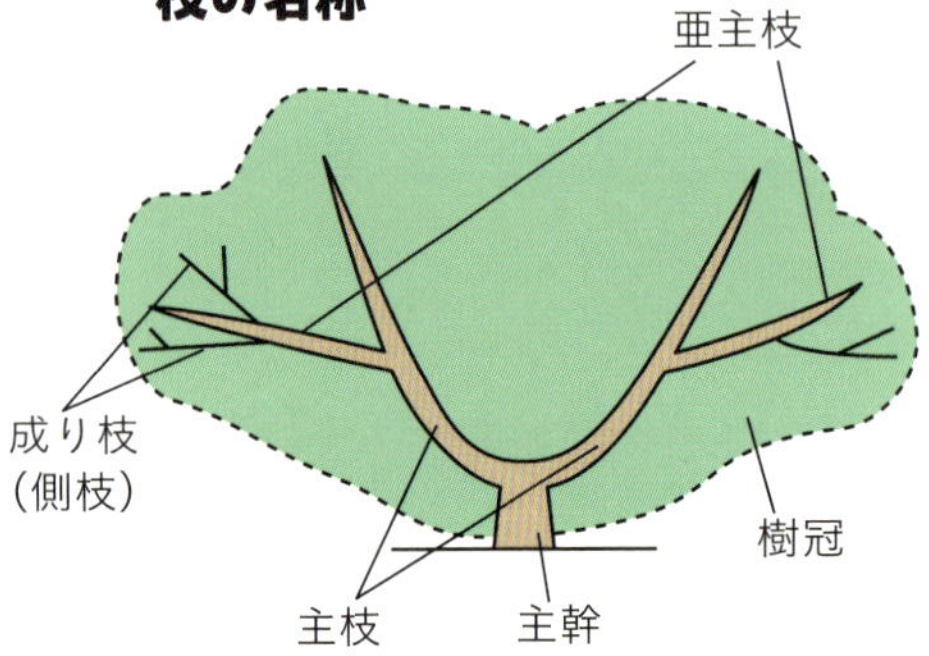

短果枝（たんかし）

長さの短い結果枝。樹種にもよるが、おおむね10㎝未満。

中果枝（ちゅうかし）

短果枝よりも長く、長果枝よりも短い結果枝。樹種にもよるが、おおむね10～20㎝。

1年枝（いちねんし）

新梢が伸びて1年経った（休眠期以降の）枝。1年生枝とも。人間でいう満年齢に相当し、新梢＝0歳、1年枝＝1歳、2年枝＝2歳と考えるとよい。

胴吹きの難易度（つるちゃんのイメージ）

難	ブドウ
中	モモ、リンゴ、イチジク、キウイ、ミカン
易	ウメ、スモモ、アンズ、ナシ、カリン、カキ、クリ

基本的に芽が出るのはすべて1年枝で、2年枝以降は枝の表面に芽がないので新梢は出ない。ただし潜芽といって隠れた芽があり、切られた刺激などで、そこから芽が吹くことがある（胴吹き）。

胴吹き（どうぶき）

2年枝以降の枝、とくに主枝や亜主枝などの骨格となる枝から、直接芽が吹くこと。樹種によって胴吹きのしやすさに違いがある（上表）。

内向枝（ないこうし）

樹の外側から幹のほうへ向かって出た枝。枝が込み合ったり、樹形を乱す原因になるとされ、一般的にはせん定時に切る。

枯れ枝（かれえだ）

枯れた枝。冬の落葉果樹は葉が落ちて枯れているように見えるが、養分を送り込む導管が生きている。ただし、夏に日陰で暗い部分にあった枝は、導管ごと死んで枯れることが多い。

芽かき（めかき）

伸び出した新梢やわき芽を除くこと。養分の分散を避けて、残した芽にしっかり栄養が届くようにする。

抜く（ぬく）・はずす

せん定時に、ノコギリなどを使って比較的太い枝を切り、空間をつくること。

間引き（まびき）

枝を付け根から切ること。込み合った部分の枝数を減らして、日当たりや作業性をよくしたいときなどに行なう。

切り詰め・切り返し（きりつめ・きりかえし）

枝を途中で切ること。切る位置によって翌年の芽の伸び方が違う。枝を短く切り詰めると強い芽が出て、長めに残して切ると弱い芽が多く出る。

また、芽には内芽（幹のほうへ向いてついているもの）と外芽（外向きについているもの）がある。主枝の先端を伸ばしたいときなどは、外芽の上で切るとよい（p62）。

短梢せん定（たんしょうせんてい）

ブドウやイチジクのせん定法の一つ（p88、92）。結果枝を毎年基部から1～2芽のみ残して切り戻す。整枝・せん定が単純で誰でも簡単にできる、着果位置が決まっているので、摘心・芽かき・誘引などの管理がラク、といった

樹を枯らさずに枝を切る

切り口を巻き込むようにできたカルス（矢印の1年後の状態）

特徴がある。

カルス

植物が傷を受けた後、傷口をふさぐ（癒合する）ために増殖する細胞組織のこと。

せん定時には枝が股になっているところの際で切ると、切り口のカルス形成が進む。途中切りやでべそ切りをすると、残した部分に養水分や植物ホルモンが流れなくなり、

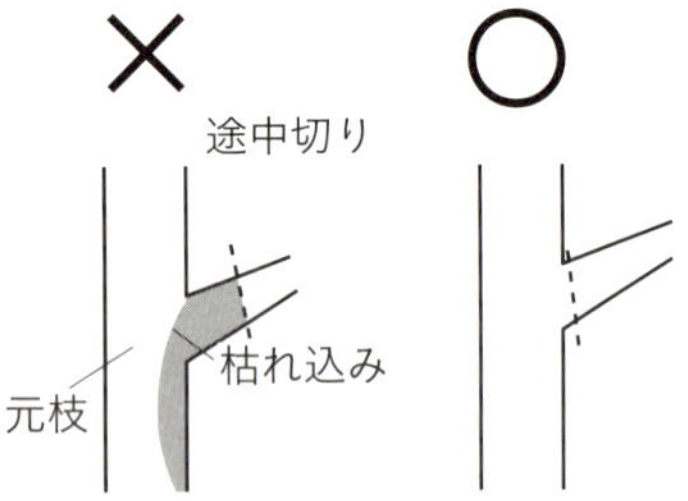

途中切りだと樹の中まで枯れ込む

切り口から枯れ込みが進む。やがて元枝深くにもその影響が出る。

癒合剤（ゆごうざい）

せん定後の切り口などに塗る薬剤。乾燥、降雨、病原菌などから切り口を保護しつつカルス形成を促す。代表的な商品は「トップジンMペースト」「カルスメイト」。木工用ボンドを使う工夫もある。

摘蕾（てきらい）

開花前に蕾を摘むこと。貯蔵養分をムダ使いさせず、残した蕾を充実させる。

摘果（てきか）

段階的に果実の数を減らすこと。残した果実の発育がよくなる。

貯蔵養分（ちょぞうようぶん）

葉が光合成をして得た同化養分のうち、翌年の生長のために樹の中に貯蔵されるもの。

植物ホルモン（しょくぶつほるもん）

植物の発育をつかさどる生理活性物質。極めて微量で作用し、細胞分裂、枝葉の伸長、花芽分化、開花、結実、成熟、落葉・落果、休眠などを促進または抑制する（p68）。

頂芽優勢（ちょうがゆうせい）

先端の芽ほど早く発芽して、新梢が強く伸びる性質。

2次生長（にじせいちょう）

伸長がいったん停止した新梢の頂部から、再び伸長すること（2次伸長とも）。樹勢が強かったり、乾燥や虫食いによるストレスなどで起きる。

離層（りそう）

葉、花、果実などを枝から落とすときにつくられる層状の細胞。

つるちゃん的せん定の原理

せん定とはなにか？
はじめての方にもわかりやすい言葉や例えで解説してみます。

最低限
知っておきたい
基本編

その1
頭の中で王将の枝を決めよう

ノコギリのみのせん定

果樹のせん定において、もっとも重要なのは主枝◆を決めることです。枝というより「幹」といわれたほうがイメージに合うかと思うような太い骨格となる部分です。ここからしばらくの間は、基本的に発生後2年目以降の木質化した「幹」について解説します。長い枝・短い枝・徒長枝◆などの1年生の枝は当面の間無視して、骨格だけの話をするので混同しないように注意してください。筆者が「ここからがせん定バサミの出番です」というまではハサミは持たないでノコギリのみで挑んでください（幼木の場合、ノコギリは要りませんが、考え方は同じです）。

果樹にかぎらずとも、植物を育てて果実を収穫するという目的のためにさまざまな試行錯誤をした結果、人類が考え出したもっとも効率的な方法が主枝をつくり出すという技です。

「いいやワシはこの1万年の人類による農耕技術をひっくり返す手法を導きだすのじゃ！」という志があるのであれば話は別ですが、そうでもなければいさぎよく主枝をつくりましょう。

とはいえ植物自体が「こっちの枝は主枝になろうと思います。そちらの枝さんは側枝になってください」などと連携をとっているわけではありません。植物はただただ一定の法則にしたがって生長しようとしているにすぎません。われわれ人間たちがそれを矯正して、人間にとってもっとも都合のよい形に仕立てあげなければなりません。それが果樹の「栽培」です。

「これが主枝だ」と決める

もっともわかりやすい主枝の配置は、2本主枝の開心形といわれるものです（左上図）。まっすぐに一直線に伸ばしていくだけなのでとてもわかりやすいうえに、太陽光を無駄なく受け取ることができるとてもよい形です。美しいですね。

これは主枝を2本配置してある状態ですが、庭の端に植えているなど、片

◆マークは14ページに用語解説あり

側には伸ばしたくないという場合は、1本主枝でも構いません。また、欲張って3本、4本と主枝を増やしても問題はありません。しかし、あまり主枝が多いと木の内側が茂りすぎて日当たりも作業性も落ちていきますので、多くても4本までとしたほうがよいでしょう。

スペースがないので真上に1本立てたいという場合（ツリータイプ）でも、多少やりにくさは生じますが、それはそれで構いません。重要なのは、あなたが「これがこの樹の主枝である」と認識できていることです。すでに放置してぐちゃぐちゃに骨格が入り乱れている樹があるのであれば、この幹とこの幹を主枝にして育てていこう、と認識してください（p74）。来年になったら忘れてしまうような、わりと記憶がすぐにリフレッシュしてしまうタイプの方は、これが主枝だ！と決めたらその幹の根元に蛍光テープなどを巻きつけておきましょう。

あなたの樹が植えたばかりで3年以内であれば、これからその将来主枝となる枝をつくりあげていくことが最重要課題です。

2本主枝の開心形。お椀形に枝が開いている

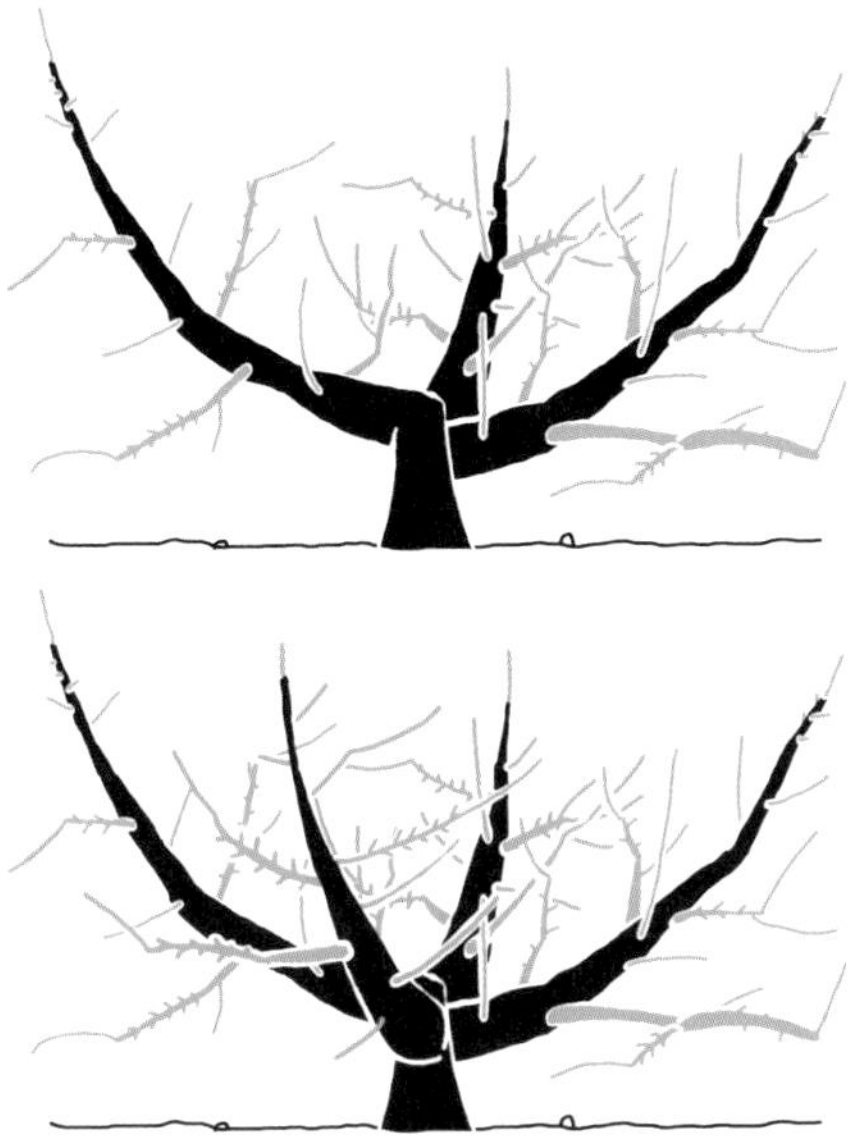
スペースに合わせて、3本主枝でも4本主枝でもいい

養分が強く流れる枝を「王将」に

主枝とは何か、それは筆者の好きな将棋でいうと、「王将」（王様）の枝です。王将の枝はこの樹の骨格として配置され、この樹が枯れゆくまで存在し続ける枝です。取られたら負けの「王将」なのです。

まずはあなたの樹の全体像をよく観察してみましょう。

その中から未来永劫守り抜く、骨格となる「王将の枝」を見つけ出します。どの枝も使いたくないのであれば、下のほうから発生している細い枝を仕立てていって、イチからつくり直していくことも可能です（その場合、伸ばしたい枝に日が当たることが重要）。

「王将の枝」を選ぶ基準は、およそ40度以上の角度を保っているかどうか。真横に伸びている枝は王将に適しません。真横に伸びた枝は養分の流れが滞り、強く生長しにくいからです。まだ植えたばかりでこれから主枝をつくっていく、もしくはイチからつくり直し

どの枝を王将にする？

近所で放置されていたカキの樹。全体にこんもりした形に見えるが、横に開いている太枝と、上にズドーンと立ち上がっている太枝とがある

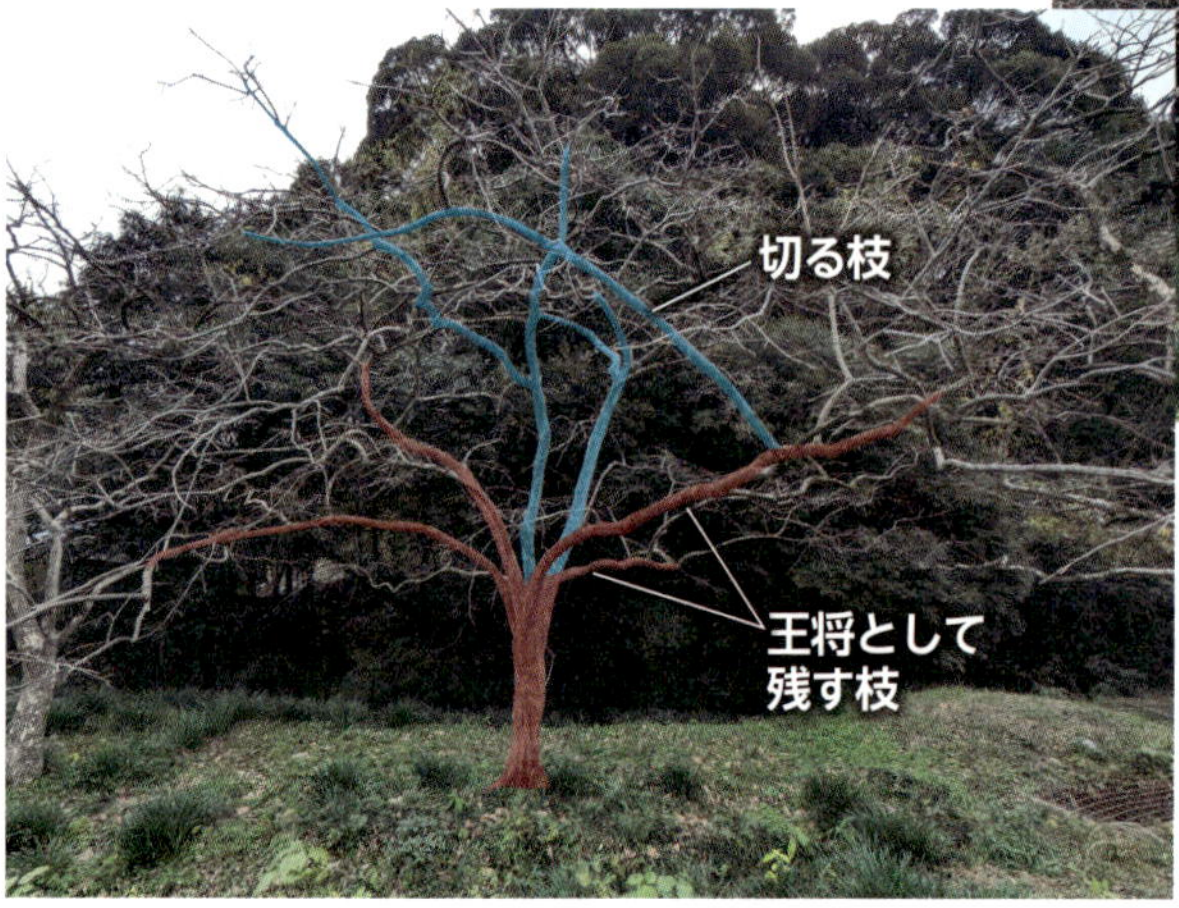

上に立ち上がっている枝は、高くてなかなか届かないので、低く開いた枝を王将にする。樹の中心部に空間ができて光が入るようになる

狭い庭に植えられたカキの樹

まっすぐ上に伸びた幹を王将にして、ツリータイプの樹形にしてもよい

ていく場合、下のほうから斜めに飛び出している一番強い枝を主枝、「王将の枝」と決定するのがもっとも自然です。強い枝、とは、枝の径が太く（養分の流れる量が多く）1年で長く伸びている枝です。

　樹の枝というのは強ければよいというものではないですが、この主枝、「王将の枝」に関してはとにかく強い（つまり、養分がたくさん流れている）ことがなにより大切な条件です。枝の角度が40度以下だとよくない理由も、養分の流れが悪くなるためです。

　ただし、どうしても樹を高くしたくない、横に伸ばしたいんだ！という方もとても多い。それはそれでできないものではないので、低く低く仕立てても構いません。ただし、その主枝にしたい枝よりも上に枝がある場合、養分はそちらに流れてしまう、ということを把握しておいてください。

　主枝はもっとも強い（もっとも養分が流れ込む）枝でなくてはなりません。これは鉄則です。

植物はみな天に向かって伸びる

　すべての植物の特性として、上に、より上に養分を送ろうとする「向天性の原理」があります（筆者の造語）。重力方向に根が生長することを向地性・重力屈性というのですが、その逆向きに地上部は天へ向かって生長しようとする原理原則です。

　自然界において、ほかの植物に高さで負けると、日照が得られなくなる、すなわち植物にとっての死を意味するわけです。自然界での競争に勝つために、植物はとにかく高いほうに枝があればそちらに優先して養水分を配送しようとするわけです。この原理原則は今後も何度も出てくるのでよーく覚え

王将の枝を選ぶ基準

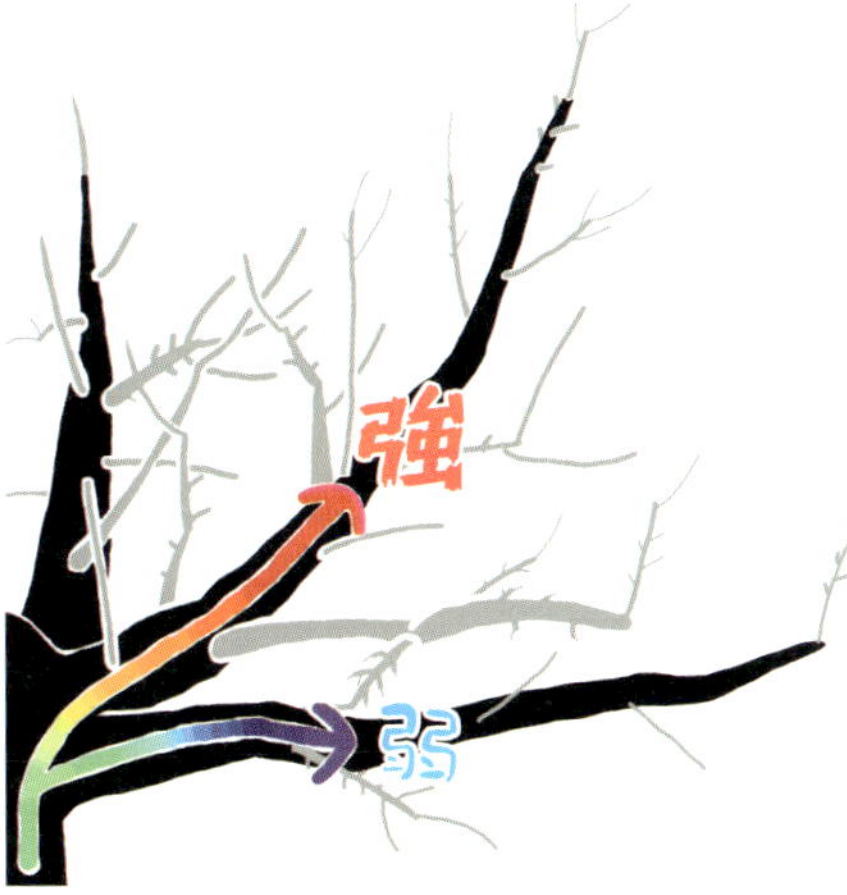

地面から真横に伸びた枝は弱く、角度のついた枝ほど養水分をしっかり運んでくれるので、王将の枝に向く

地面から40度以上の角度がついた枝を使うのが理想だが、横に伸びた枝で低く仕立てても構わない。ただし、上向きの主枝もあると高いほうにばかり養分が流れてしまう

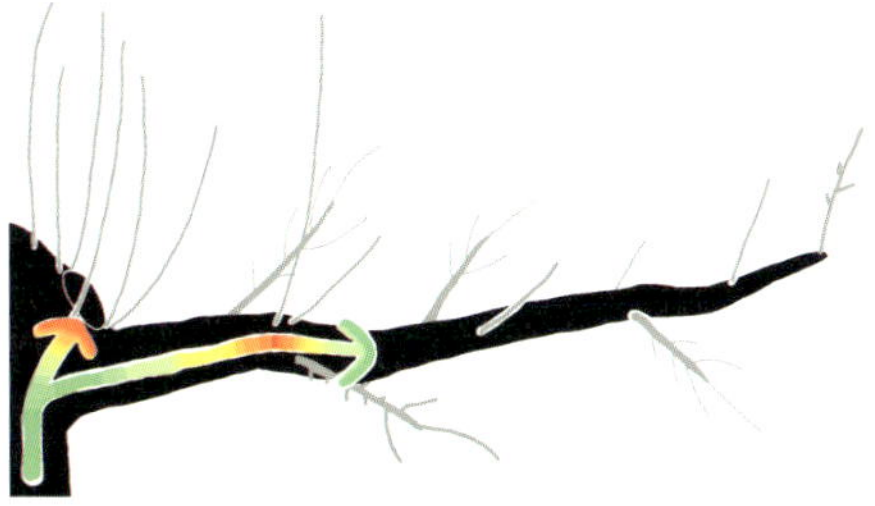

真横に伸びた主枝を残した場合、基部付近の上面から強い枝が立ち上がってくる

ておきましょう。

　なお、つる性植物のキウイフルーツやブドウの場合はそもそも上に立ち上がるのではなく這っていく性質をもっているので、主枝の角度を気にする必要はありません。

　つる性植物においても重要なのは主枝となる王将の枝を配置することですし、もっともよい形は両側に伸びていく2本主枝になります。当然、3本、4本と主枝を増やすことも可能です。這わせていきたい棚やフェンスに沿って、一文字型、H型などに王将を配置します。このときに選ぶべき枝は、径が太く、1年で長く伸びた枝であることは変わりません。

　また、つる性植物だからといって「向天性の原理」に沿わないというわけではありません。つねに上をめざしているため、上位に向かう枝があればそちらに養分を集中させるのですが、自然界において、ほかの背の高いものに巻きつくために、それらに出会うまではひたすら横に這うという戦略をとっているにすぎません。

向天性の原理

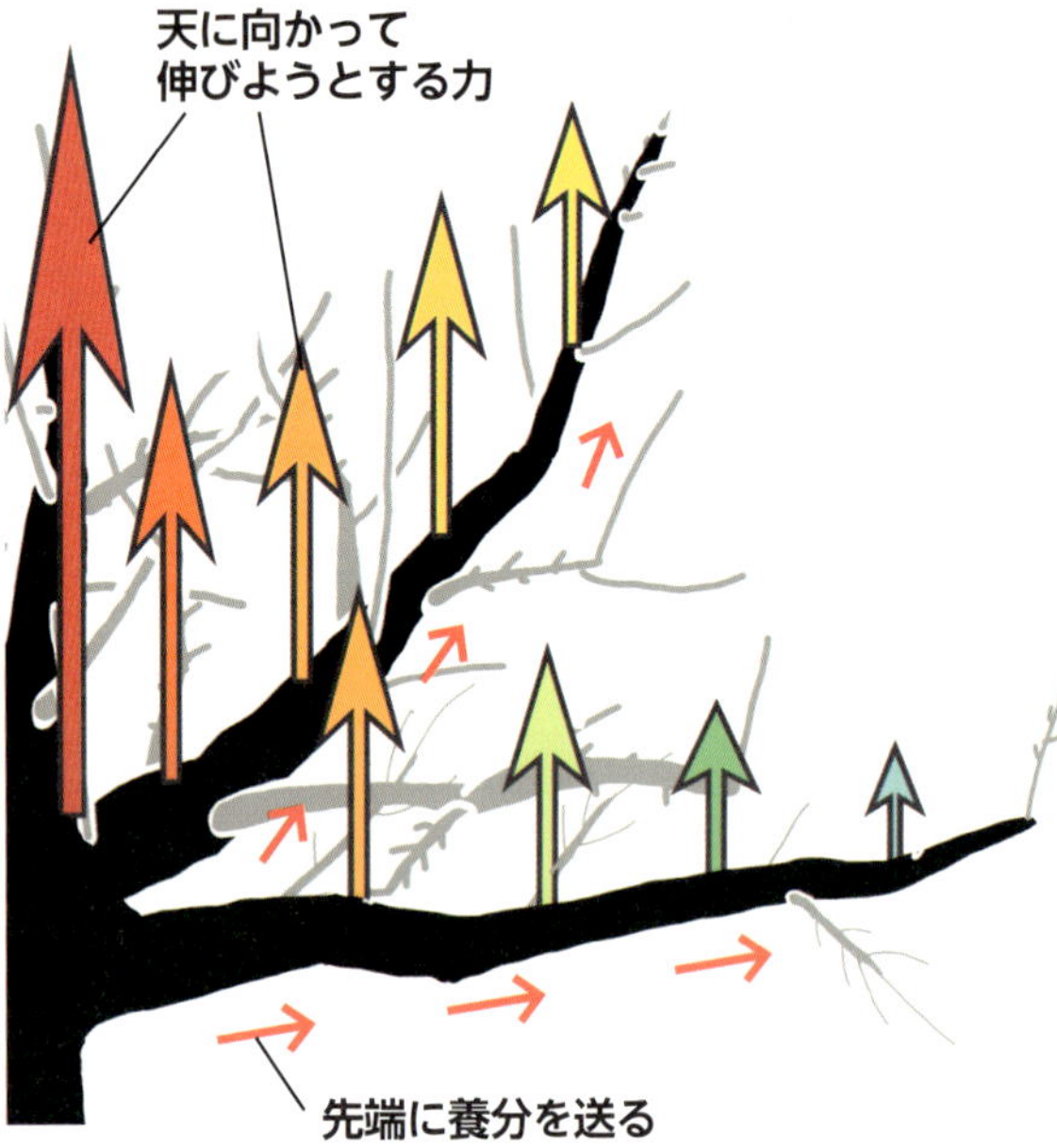

すべての植物は上に上に養分を送ろうとする。高いほうに枝があれば、そちらに優先的に養分を送ろうとする

ブドウやイチジクの王将の枝

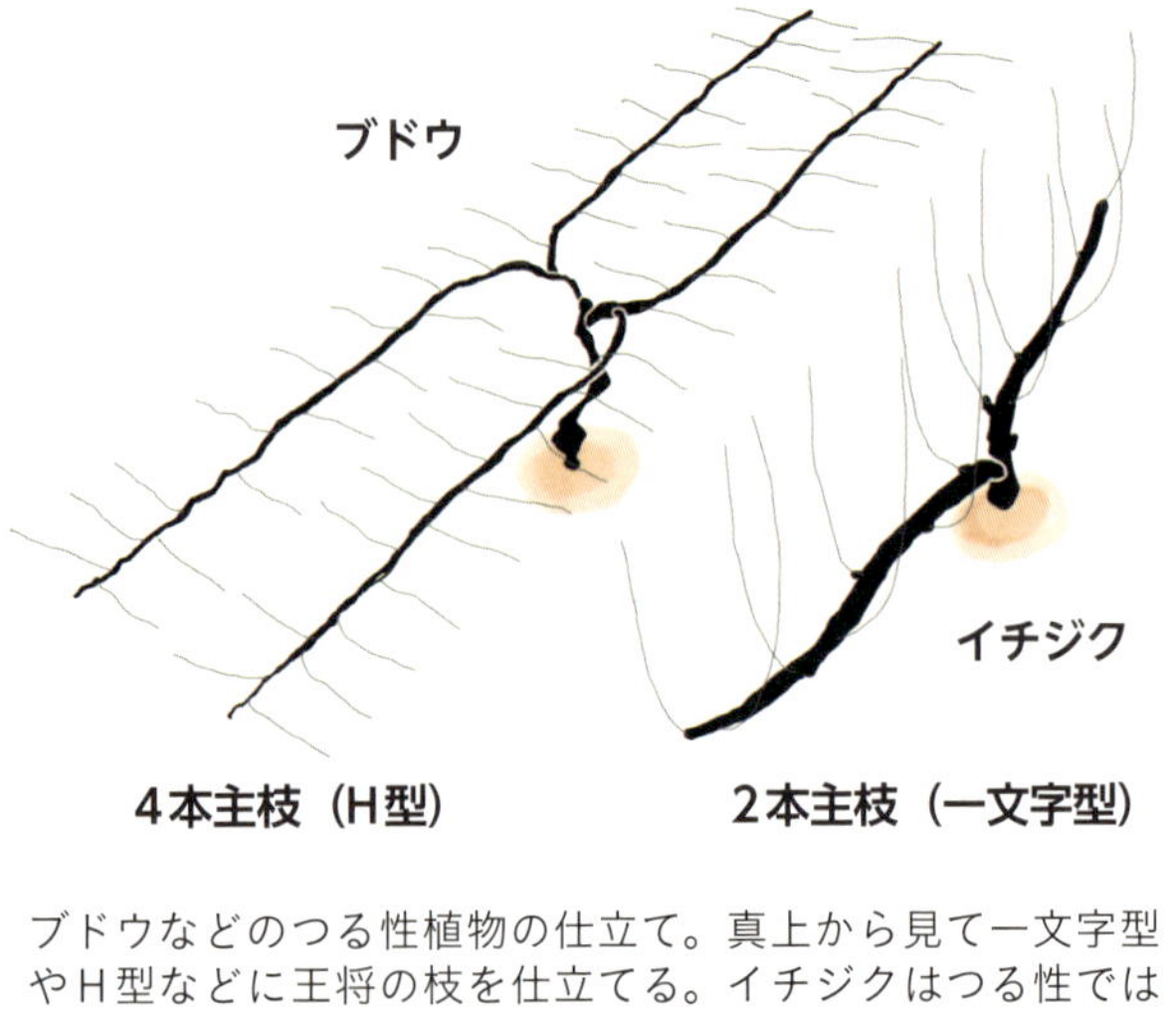

ブドウなどのつる性植物の仕立て。真上から見て一文字型やH型などに王将の枝を仕立てる。イチジクはつる性ではないが、結果習性はブドウ型（p36）で、仕立てやせん定もつる性植物と同様に行なう

◆マークは14ページに用語解説あり

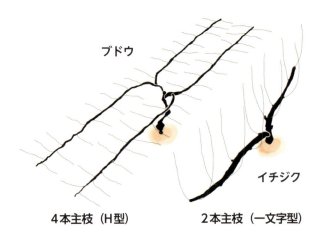

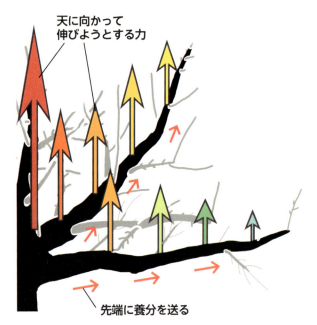

その2

金将・銀将の枝も決めよう

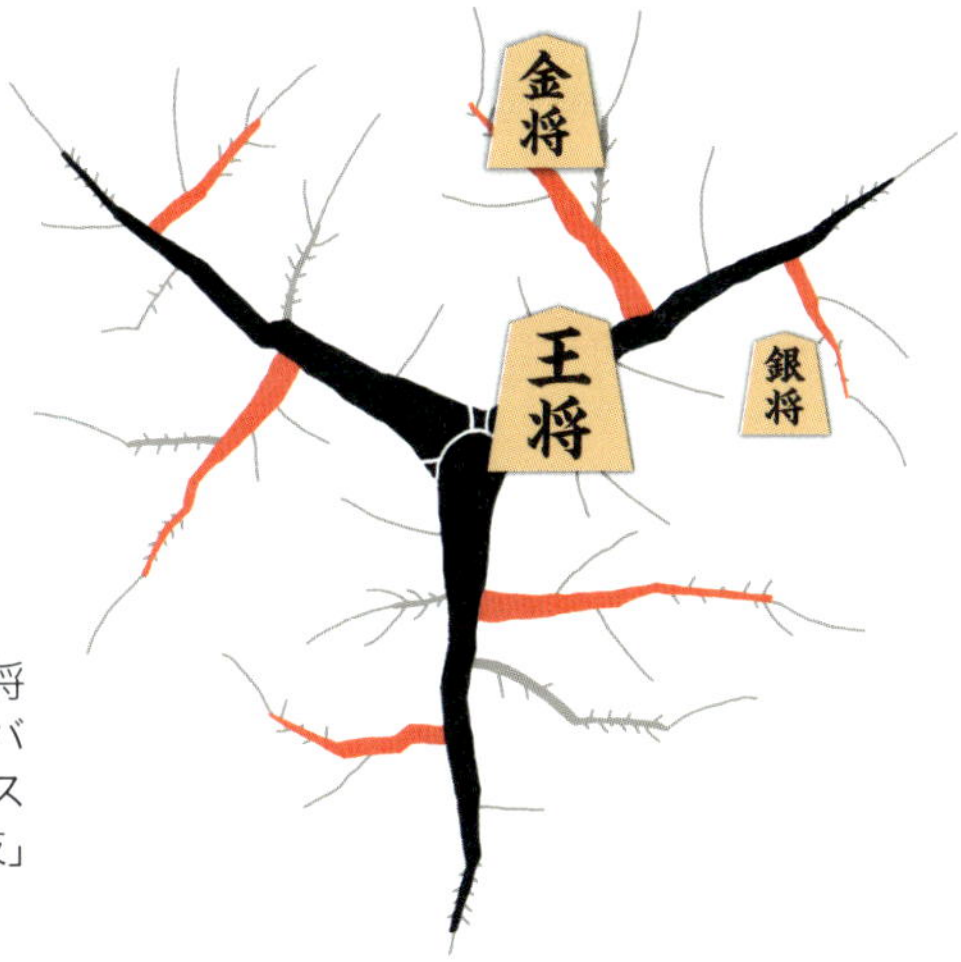

上から見た図。「王将の枝」だけではカバーできないスペースを、「金将・銀将の枝」で埋める

亜主枝でスペースを埋める

主枝を伸ばした状態でもまだまだスペースに余裕がある場合、この主枝に次ぐ主枝として「亜主枝」というものを配置します。この亜主枝までが骨格となる幹であり、これ以上の幹は必要ないどころか悪影響のほうが多くなります。必須ではないので、「難しいのは嫌だわ」という人はわざわざ亜主枝をつくらなくても大丈夫です。

筆者はこの亜主枝を「金将・銀将の枝」と呼びます。「王将の枝」の横から伸びる、主枝に匹敵するほど太い亜主枝は、「王将の枝」だけではカバーすることができない隙間にまで骨格を延長して、樹冠内のスペースを埋めます。将棋でも、最初は王様を金将、銀将で囲って、王、金、銀は攻撃に参加せずに守りますよね？　樹のせん定でもこの骨格だけは、枯れるまでずっとそのまま使い続けます。枯れたらもう1回つくり直します。

亜主枝の本数は1本の主枝に対して1本。多くて2本。どうしてもというのであれば最大3本までの配置がよいでしょう。多すぎると肝心の王将が弱ってしまいます。「金将・銀将の枝」を配置することで、葉の覆う面積をすみずみまで行き渡らせることが目的です。

理想的な骨格の配置

しっかり仕立てられたアンズの骨格枝。王将となる主枝の横側から、金将、銀将となる亜主枝が出て、スペースを埋めている。金将と金将、金将と銀将の間隔は50㎝～1mが目安

車枝となった状態

亜主枝の「出位置」が近く、車枝、ハサミ枝の状態になっている（ウメ）。本来金将であるはずの亜主枝に養分が回り、王将である主枝が弱ってしまう。ここまで太くなったらこのままでもよいが、金将のどちらかを2～3年かけて短く切り落としていってもよい

金将・銀将の選び方

　亜主枝である「金将・銀将の枝」を選ぶ際は、それぞれが1m、最低でも50㎝以上は離れた位置に交互に発生していることを確認します。「金将・銀将の枝」の間隔が近すぎると、枝同士が互いに養分を奪い合って、王将が弱ってしまいます。50㎝から1mほどの間隔を目安に、バランスを考えて「金将・銀将の枝」を配置しましょう。また、主枝が分岐しているところからも1mくらい離れていないと、この亜主枝たちが「あれ？　オレも王様なのかな？」と主枝以上に強く生長し始めることがあるので注意が必要です。

　骨格となる主枝・亜主枝の「出位置」の距離が近づくのはよくないということを覚えておいてください。右下の写真のように完全に金将の枝に挟まれた格好（距離0㎝）になると、ハサミ枝・車枝といわれる形になり、どういうわけか両側に養分が集中して、肝心の真ん中にある王将の枝が弱っていきます。

　これは真上に1本主枝を伸ばしているツリータイプの樹でも同様にいえる原理原則です。左上図のように横に亜主枝となる金銀の枝を配置するのですが、それぞれの出位置を離しておかないといけません。

　植え付け初期の仕立てをする際にも重要な原理です。左下図のように出位置がそろっている複数本の枝を主枝にして伸ばしていくと、その生長にかたよりが生じますが、それぞれの位置をずらして主枝にしていく枝を選抜するほうが、よいバランスになります。つる性植物でも同様ですので植えたばか

ツリータイプの亜主枝

ツリータイプの樹でも金将、銀将は配置できる

幼木の仕立て

同じ位置から出た枝を残して主枝に仕立てると、生長にかたよりが生じて真ん中が弱くなりやすいが、位置をずらして主枝にするとバランスよく生長する

主枝の横側（側面）から出た亜主枝。
主枝を負かすことなく亜主枝が生長する

主枝の上面から出た亜主枝。
いつのまにか主枝よりも亜主枝が強く伸び始める

りの人はご注意ください。

ただし、車枝だからといって枯れるわけではないので庭先果樹ではそこまで気にしなくても構いません。年数がたって幹が太くなってくると距離が近すぎるように感じますが、「あぁ、うちの樹の主枝は車枝になっている。叩っ斬ってやり直そう」とまで思わなくても大丈夫です。

金将風情が王様気取り!?

もう一つ重要なことをお伝えします。図のように主枝である「王将の枝」の真上から亜主枝である「金将・銀将の枝」が出ていると、養分の奪い合いが起こり、これもバランスが崩れてしまいます。真上に1本の主枝を立てているツリータイプであればこの形になることはありません。

これは先述した「向天性の原理」に則って考えるとなぜだかわかりやすいと思います。根から吸われた養水分がこの位置にたどり着いたとき、上向きの亜主枝とまっすぐ先に進む主枝の、どちらに行きたがるかというと、これは原則にしたがい上に向かいます。つまり、一番強くあらねばならない主枝よりも上面から発生している亜主枝のほうが強くなり、「金将風情が王様気取り」し始めます。

これでは困るので、亜主枝となる金将・銀将の枝は真横付近から発生しているものを選択します。横側から伸びている枝の中から、一番太く、長く伸びているものを「金将」に選定し、ゆっくりと育てていくことになります。今はなくても近い将来発生するかもしれないので、無理に今ある枝の中から亜主枝を選ぶ必要はありません。

王将は背骨 金将・銀将は手足

さあ、基本形はなんとなくわかってきたでしょうか?

「王将の枝」と「金将・銀将の枝」を決め、適当なものがない場合はイチからつくり、余分な枝（後述します）を切り落とすことで、果樹の基本形ができあがります。この基本形は、人間の骨格に例えることができます。「王将の枝」が背骨だとすれば、「金将・銀将の枝」は手足のように、全身に養分

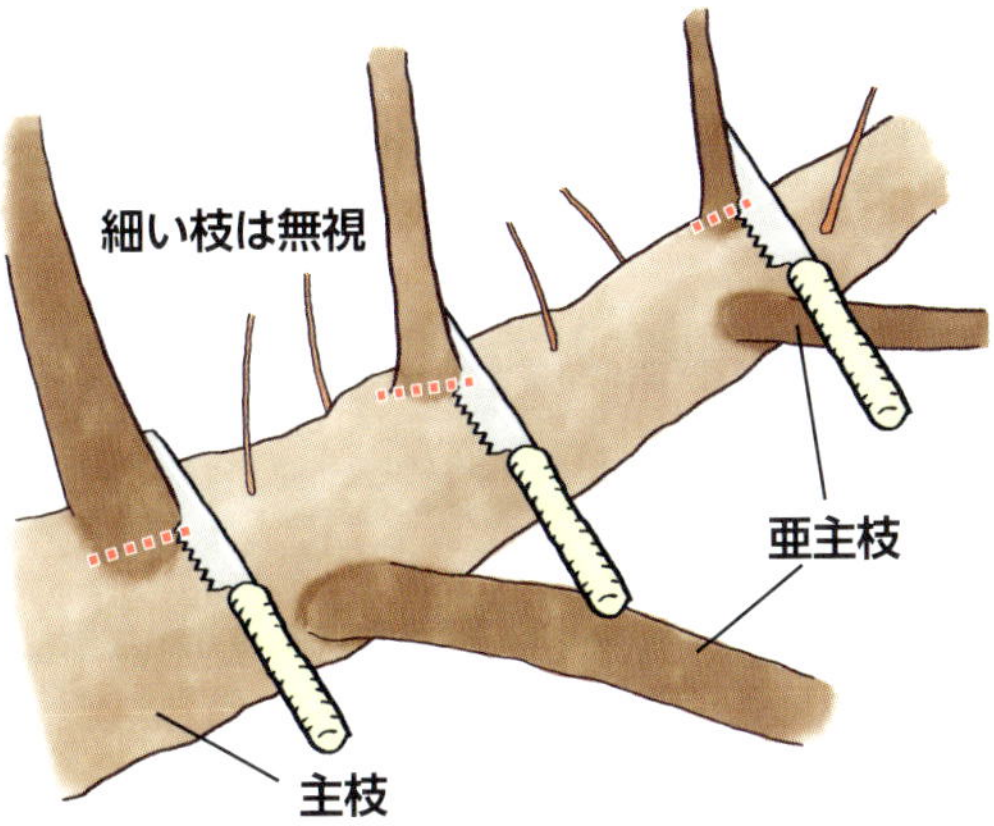

残したい主枝に沿ってノコギリを這わせていくと、切るべき太枝におのずと行き当たる

主枝の上面から出て、王様気取りしだした亜主枝。主枝の上面にノコギリを這わせて切る

を運ぶ大切な役割を果たしているのです。

でも、筆者はわかっています。この本を手にとったみなさんの樹は、この理想的な基本形とは程遠い形をしているはず！　でも、大丈夫です。みなさんそうですし、なんならプロの果樹農家でもそういうことが多いのです。果樹はあくまで自然の中の生き物なので、工業製品のようにまったく同じカタチにはなりません。ただし原理原則は同じなので、あなたの環境において、あなたなりに骨格を形成していきましょう。

上に伸びたり、交差する枝を切る

まずは王将の主枝、金将・銀将の亜主枝を邪魔する枝を見つけ出します（p74）。とくに先述の通り、残そうと思っている主枝・亜主枝の真上から出ている枝は大問題です。

真上から発生している枝は、「向天性の原理」にしたがって養分の多くを奪ってしまい、樹が高く高く生長して下位の枝を日陰にして枯らしながら、際限なく高く葉を茂らせていきます。王将の主枝の生長を妨げてしまうどころか、ゆくゆくは誰も手が届かなくて管理できないほどに高く生長し、せっかくの果実はカラスらのエサになってしまいます。

また、王将や金銀同士が交差したり、重なり合ったりしている場合も、どちらかが邪魔な枝といえます。このような状態はどちらかを除去しないと、下位の枝が日陰になってしまいます。日陰になるのは、植物にとって「死」に直結することです。枯れなかったとしても、果実の生長に悪影響を及ぼします。

上に出ていたり、交差している邪魔な太枝を、根元からノコギリで切り落とすことで、王将・金銀の枝たちが徐々にあらわに、明確になっていき、それら骨格を強く丈夫に育てることができます。

難しいなと感じた方は、残したい主枝に沿って図のようにノコギリを這わせてみて、そのまま切れそうな太い枝はぜんぶ切ってしまいましょう。それだけでも十分立派なせん定です。

その3
枝は股の部分で切る

枯れ込みを防ぐ切り方

枝を切るときに注意するポイントは、枝の生え際ギリギリの部分で切ることです。左ページⒶの図のように枝と枝が股になっているところで切ります。とくに大きな枝を切るときには注意が必要です。

枝の途中で切ってしまうと残った部分が枯れ込んでしまいます。枯れ込んだ部分から病気が入り込む可能性が高くなるし、表面上が枯れ込むばかりか、その数倍の枯れ込みが樹幹内部に進行します。枯れた部分からは未来永劫新しい枝が出てきません。怖いですね。

樹を栽培するということは、全体的に多少の枯れ込みが入りながら進行していくものなので、多少枯れた部分があっても問題ないのですが、それでもできるだけ生きている部分が多いほうがよいに決まっています。

この枯れ込みがなぜ発生するのか、それは次に述べるような養水分の流れる仕組みを理解するとわかりやすく、おのずとどの位置で切るべきか理解できてきます。

枝に養水分が送られない切り方

樹が樹体内で養水分を配送している、そのエネルギーはどこから生まれているのでしょうか？ 基本的には細胞間の浸透圧によって、根から養水分を吸収し移動させます。しかし、吸い込んだだけでは行き先、出口がないですよね。人間も食べ物を食べたら栄養素をとり終えて尿道から排出しますが、それは植物にとっては葉についている気孔になります。葉から蒸散をする→蒸散された分、根っこから吸い上げられるといった順番で流動します。

もしもⒷの図のように枝を付け根の際で切らずに少しだけ残して切った場合、その先に葉がない状態をつくってしまいます。するとその先に養水分を引き揚げるための葉（気孔）が存在しないために養水分が届かなくなるの

◆マークは14ページに用語解説あり

で、その部分はがばっと枯れてしまいます。目に見える枯れ以上に、養水分が通らなくなった樹の内部にも枯れ込みが進んでしまうことも知っておきましょう。

カルスが形成されれば正解

枝の股の際できれいに切り落とせば、後述する植物ホルモン（この場合オーキシンとサイトカイニン）の影響を受けて、傷口にカルスと呼ばれるモコモコとした癒合組織が形成されていき、きれいに切り口を巻き込んで固まります。このカルスが形成されていれば、樹をほとんど傷つけることなくきれいに切ることができたといえます。植物が正誤判定してくれるので、大変わかりやすい仕組みです。

股になっている部分を上向きの枝で切り上げる際にも、(D)の図のように枝のわきにノコギリを当て、養水分の通り道を意識して斜めに切り落とします。斜めに切らない場合、養水分が通らなくなる部分が発生し、一部枯れてしまいます。その部分は当然カルスも形成されません。

(A) 枝を切る位置

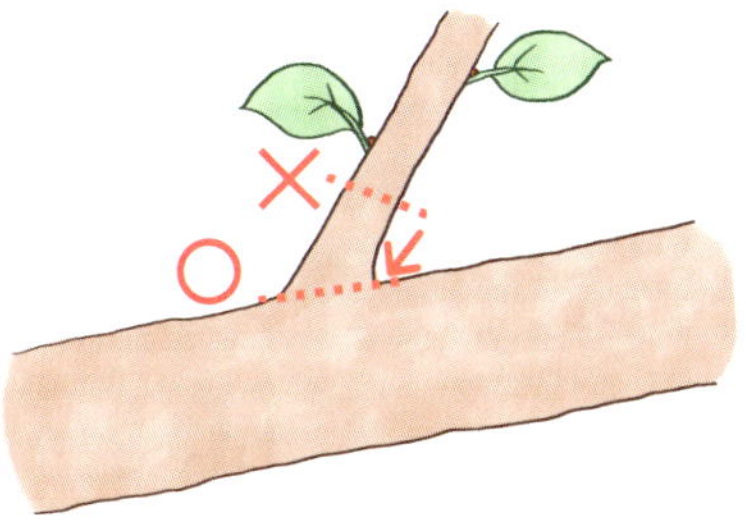

必ず、矢印の股になっている部分の際で切る

(B) 枝を少し残して切る

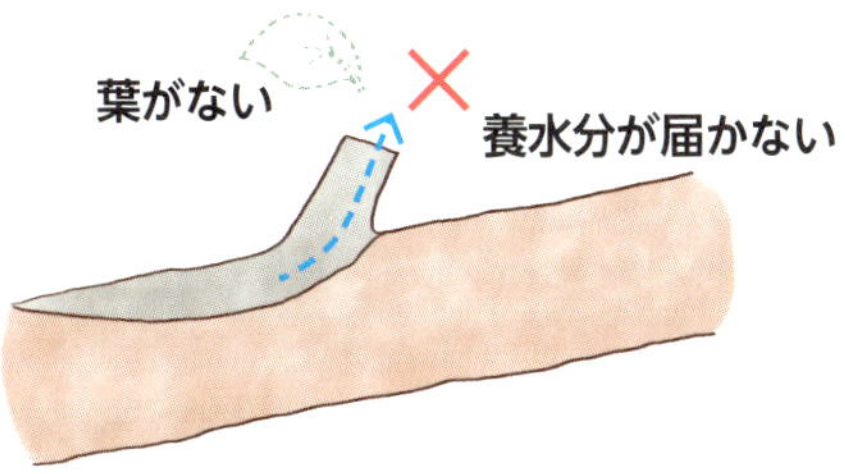

残った枝の先に葉がないので、切り口に養水分や植物ホルモンが届かず、枯れ込みが進む

(C) 枝を生え際ギリギリで切る

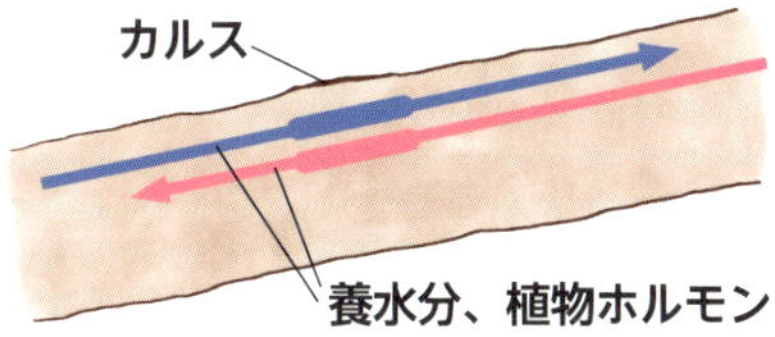

切り口に養水分や植物ホルモンが届き、カルスが形成され、枯れ込みを防ぐ

(D) 枝を切り上げる場合

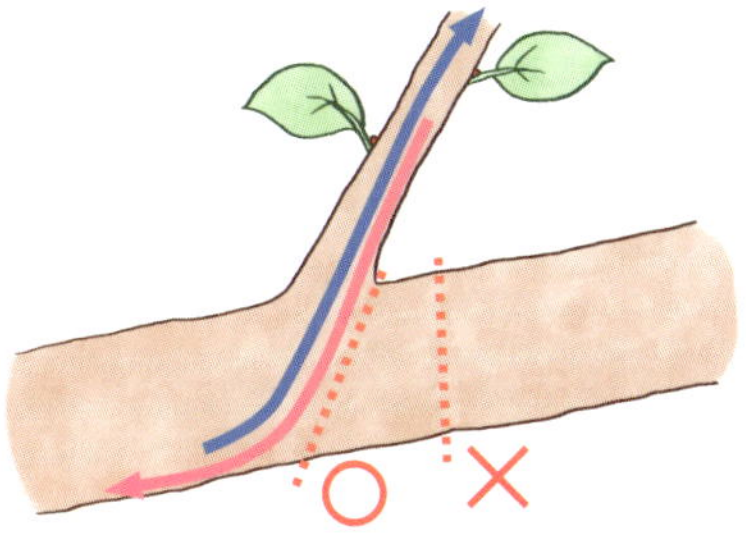

養水分の通り道を意識して斜めに切る

切り口にカルスができてじょじょに塞がっていく

その4

せん定バサミで切る

枯れ枝を切る

さあ、ここからは細い枝の考え方についで書いていこうと思います。ここよりせん定バサミを使うことを許可します。

この本の冒頭で説明した枝の分類をもう一度思い出してみると、「枯れ枝」「短い枝」「長い枝」「徒長枝」「幹」とありましたが、ここまで解説してきたのは「幹」のみ。これから先は細かな部分になっていくので、厳密なやり方は樹種によって異なりますが、まずは共通してわかりやすく必要のない枝（切るべき枝）から解説していきましょう。

一つめは枯れ枝。まったく必要のない枝です。枯れた部分が再生して生き返ることはあり得ないので、永遠に必要ありません。落葉樹の場合はせん定をする冬の時期には葉っぱがないので最初はちょっとわかりにくいかもしれません。

迷ったときは、その枝の先端部分をちょっとだけ切ってみましょう。断面に緑色の形成層（表皮の近くにある緑色の層）が見えていればまだその枝は生きていますが、全体が茶色くなっていれば、その枝は枯れています。

枯れ枝が病原菌の越冬の場に

枯れ枝の中では、病原菌が忍び込んで越冬をねらっていることも多いため、できるだけ枯れ枝は除去してしまいましょう。慣れてくると、表皮の見た目ですぐに枯れ枝かどうかわかるようになります。水分が届いていないので表皮のつやがなくなり、シワができてきます。

この辺の枝は全部枯れているなぁ、と思ったら、病害虫被害でなければそれは去年1年間ほとんど日が当たらなかったことを示しています。そもそもの骨格の主枝、亜主枝が重なっていた

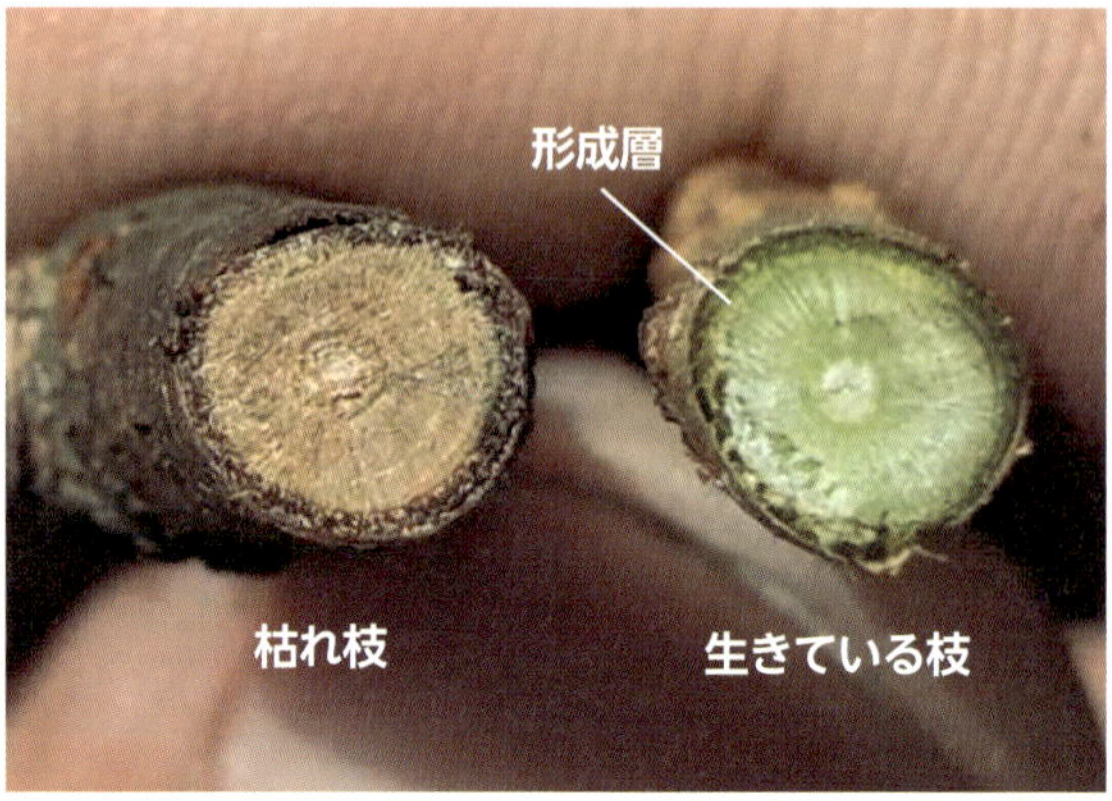

生きている枝は断面に緑色の形成層が見える。枯れ枝は全体が茶色くなって死んでいる

◆マークは14ページに用語解説あり

郵便はがき

おそれいります
が切手をはって
お出し下さい

3350022

（受取人）
埼玉県戸田市上戸田
2丁目2ー2

農文協
読者カード係 行

◎ このカードは当会の今後の刊行計画及び、新刊等の案内に役だたせていただきたいと思います。　はじめての方は○印を（　）

ご住所		（〒　　ー　　） TEL： FAX：
お名前		男・女　　歳
E-mail：		
ご職業	公務員・会社員・自営業・自由業・主婦・農漁業・教職員（大学・短大・高校・中学・小学・他）研究生・学生・団体職員・その他（　　）	
お勤め先・学校名	日頃ご覧の新聞・雑誌名	

※この葉書にお書きいただいた個人情報は、新刊案内や見本誌送付、ご注文品の配送、確認等の連絡のために使用し、その目的以外での利用はいたしません。

● ご感想をインターネット等で紹介させていただく場合がございます。ご了承下さい。
● 送料無料・農文協以外の書籍も注文できる会員制通販書店「田舎の本屋さん」入会募集中！
案内進呈します。　希望□

■毎月抽選で10名様に見本誌を1冊進呈■（ご希望の雑誌名ひとつに○を）

①現代農業　②季刊 地 域　③うかたま

お客様コード　□□□□□□□□□□

お買上げの本

■ ご購入いただいた書店（　　　　　　　　　　　　　　　書 店）

●本書についてご感想など

●今後の出版物についてのご希望など

この本をお求めの動機	広告を見て（紙・誌名）	書店で見て	書評を見て（紙・誌名）	インターネットを見て	知人・先生のすすめで	図書館で見て

◇ 新規注文書 ◇　　郵送ご希望の場合、送料をご負担いただきます。

購入希望の図書がありましたら、下記へご記入下さい。お支払いはCVS・郵便振替でお願いします。

（書名）	（定価）￥	（部数）　部
（書名）	（定価）￥	（部数）　部

り、近すぎて光が当たっていないのかもしれません。枯れ枝がたくさん発生しているということは日当たりが悪いのではないかということを第一に考えてせん定しましょう。

逆にいえば、これまで解説してきた理想の樹形からは程遠い形だったとしても、枯れ枝が出ていなくて根元まで生きている枝があるのであれば光は十分に届いているため、その地でその樹形は一つの正解なのです。無理に教科書通りに近づける必要はありません。

徒長枝を切る

では次に必要ない枝を探しますが、これも簡単。強靭で強く直立して発生している徒長枝です。細かく解説する必要もないくらいパッと見てわかりやすいため、初心者の方はせん定しろといわれると、まず徒長枝だけをはずして満足します。もちろんそれでも短期的には問題はありません。時間がない年は徒長枝だけはずす簡易なせん定をすることもあるでしょう。

しかし、この本を手にとったみなさんには、徒長枝とはなにかをきちんと理解していただきたい。果樹園芸で一般的にいわれる徒長枝とは、強く不調和に伸びすぎる枝を指します。野菜や花では弱くヒョロヒョロした状態を「徒長した」と表現するので「徒長枝……？ ちょっとなんのことかわからない」と反応する人もいらっしゃいますが、果樹ではとにかく養水分が優先的に送られてやたらと伸びているものを指すことが多いです。「向天性の原理」にしたがい、幹の上面から天に向かってまっすぐ不調和に伸び上がり、必要ない枝として扱われます。

つる性のブドウの場合も不調和に伸びすぎている場合、徒長枝と見ます。キウイの場合は毛が生えてくると徒長枝と判断します。

主枝先端だけは徒長枝がいい

徒長枝が邪魔者扱いされるのは主枝、亜主枝の話でもあったような、邪魔になる枝、高すぎる枝の元凶はそもそもこの徒長枝を放置した末に起こる現象であるためです。幹の上面から出た徒長枝はグングン栄養をとって誰よりも大きく生長しようとしますし、葉っぱばかりが茂って下位に日陰をつくるくせに、あまり花や果実を結実させない傾向にあります。

ただし、この徒長枝を活用すべき箇所が一つだけあります。どこだと思いますか？ それは主枝の先端です。主枝はもっとも強い（＝もっとも養分が流れ込む）枝でなくてはなりません。

骨格枝の上面から出た徒長枝

これは鉄則だとお伝えしました。主枝の先端に一番強い徒長枝があることによって、その主枝全体に養水分を引っ張ってくるポンプ役として機能するようになります。根元から主枝先端部までの途中に徒長枝が立ち上がっていたら、その徒長枝に養水分が送られてしまい、その幹の先が弱ってしまいかねませんが、先端部にもっとも強い枝が配置されることは理想的な形だといえます。

とにかく生長しようという意志の強い枝なので、幼木を植えたばかりでこれから主枝をつくっていこうという人や、主枝をイチからつくり直そうと思っている人にとっては目的の方向に角度よく発生した徒長枝がもっとも適した主枝候補の枝になります。

ということは、1本の樹で必要な徒長枝は主枝の本数だけということになります。

その5 「と金」の枝を循環させよう

骨格枝の周りに成り枝を配置

最後に長い枝と短い枝です。これらが果実を実らせるためにもっとも重要な枝です。専門用語でいう「側枝」とはこいつらのことです。果実がなる場所はここであり、それゆえに「成り枝」とも呼ばれます。

そうなんです。ここまでずっと、実がならない枝の話をしていたんですね。「ズコーッ、一生懸命読んできたのにここまでずっと実がならない枝の話やったんかーい！」と本を破らないでください。なぜここまで実がならない部分の話をていねいにしていたのか、その答えがここですべて回収されていきます。

王将の◆主枝、それに次ぐ金銀の◆亜主枝を配置して、要らない◆枯れ枝や◆徒長枝を◆はずしました。王将と金将・銀将は守りの駒です。固定して動かすことなく、一度形を決めたらもう大きく切ることはありません。とはいえ将棋でも攻められたら守りを崩しながら柔軟に受けていくように、病害虫や台風被害で形を崩されながらも戦うことになるのですが……、理想の形としては維

◆マークは14ページに用語解説あり

持したままその樹の一生を終えたいわけです。

　そして骨格は動かすことなく、側枝・成り枝を配置していきます。ここからは樹種によって性格が異なり、それゆえに切り方も変わっていきます。

「歩兵」の枝が「と金」になる

　どんな樹種でも、春になると、まず1年目の長い枝が発生します。徒長枝のように太くはないです。ひょろりとした1本の枝。これを将棋の例えをそのまま活用すると、「歩兵」の枝と呼んでみましょう。ほとんどの樹種はこの1年目の「歩兵」である長い枝には、あまり花や果実が実りません。ゼロではないのですが、花は咲いても結実率は悪く、着果しても果実の品質はそれほど高くなりにくい傾向にあります。

　しかし、2年目になると、この「歩兵」だった長い枝にたくさんの短い枝が伸びてきます。これら2年目の枝がたくさんの果実を実らせ、しかもその品質が高い「と金」の枝です。そうです、将棋の歩兵が相手陣地に達したとき「と金」になって大活躍するように、果樹の側枝も1年目の長い枝はたいしたことないのに、2年目はその身に着果率の高い短い枝をまとうことで大車輪の活躍を見せます。

適齢期を過ぎた成り枝は切り落とす

　枝が「と金」の状態になっている期間は樹種によって違い、いかに骨格の周りに「と金」の枝をたくさん配置で

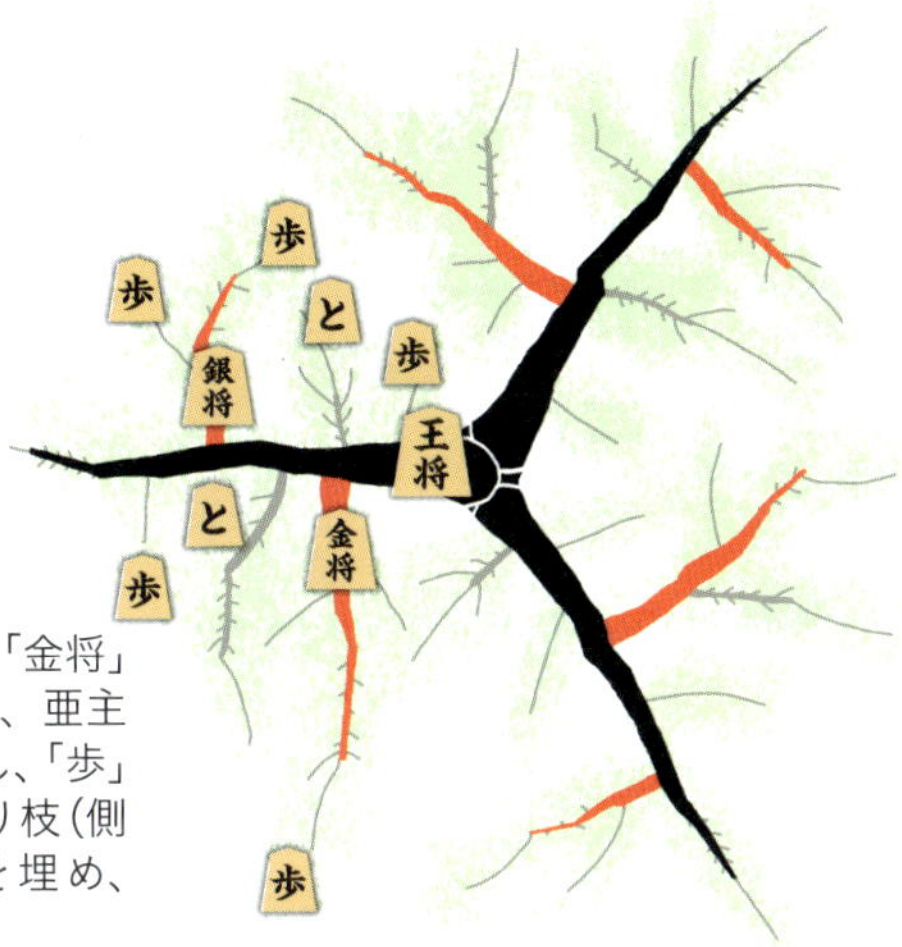

上から見た図。「王将」「金将」「銀将」からなる主枝、亜主枝が樹の骨格を形成し、「歩」と「と金」からなる成り枝（側枝）が骨格の周りを埋め、循環していく

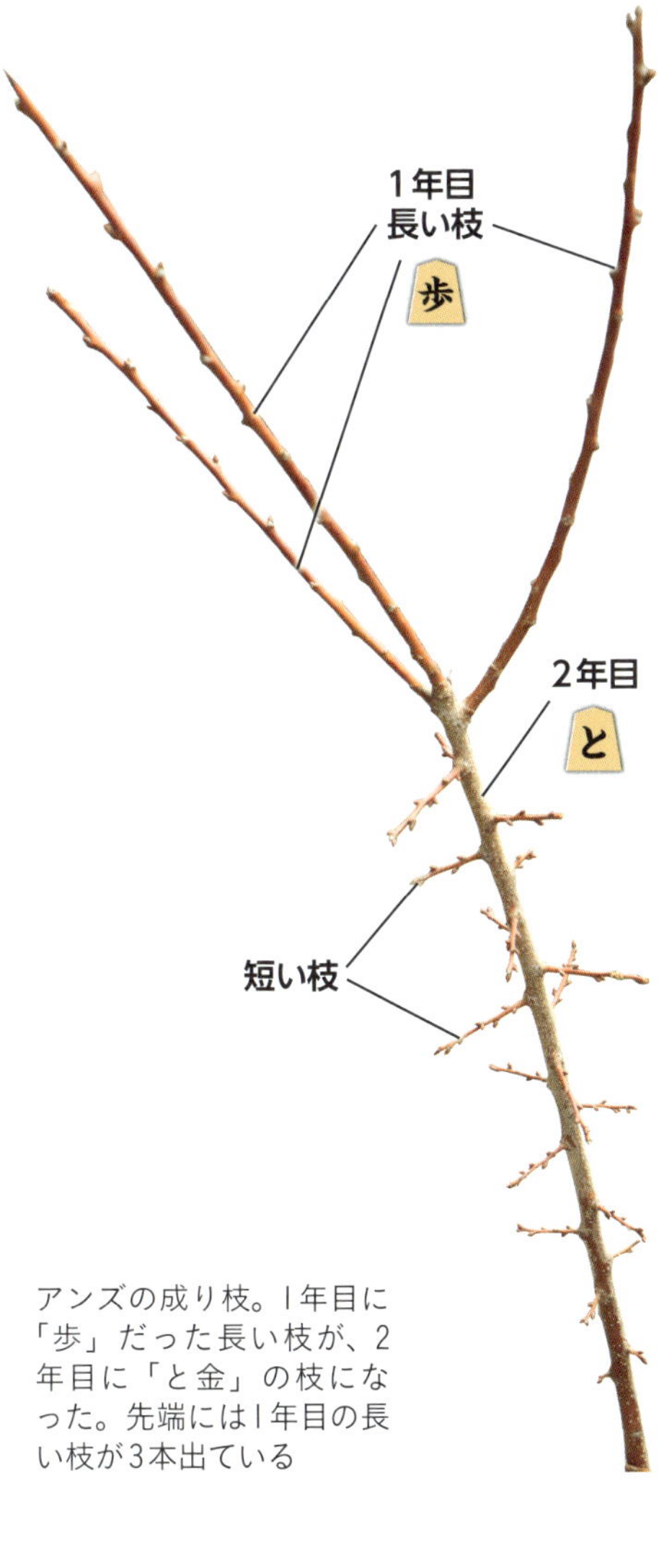

アンズの成り枝。1年目に「歩」だった長い枝が、2年目に「と金」の枝になった。先端には1年目の長い枝が3本出ている

ウメの成り枝

きるかがせん定の結果を決めるのです。その「と金」として活躍する期間がそれぞれのせん定の仕方の違いとなって現われます。

　重要なのはその樹に合った側枝の適齢期があり、どれだけそれを配置できるかということ、そしてさらに大事なのが、適齢期を過ぎた側枝をそれ以上使わずに切り落とすことです（P36からの「結果習性」にて各樹種別の適齢期間を示しています）。

　例えば典型的なモモ型果樹（P48）で見てみましょう。左上図のように、まず1年目に長い「歩兵」の枝が出てきます。これを置いておくと、次の年、この先端に3本くらいさらに長い枝が発生していると思います。そして、枝元にはずらっと短い枝が並んでいたら、2年目の「と金」成りに成功です。たくさん果実を実らせることはほぼ確定した枝です。

　先端の長い枝3本はぜんぶ使うとややこしくなるので、1本だけ残しておきましょう。すると次の年、さらに先端に新しい1年目の長い枝が出て、2年目、3年目の「と金」が配置されました。どんどん収量が増えていきますね。このまま続けていればとんでもないことになるのではないかと目論んでしまうのですが、モモ型果樹のピークはこの辺で終了です。同様のせん定をしていくと、次の年には、最初あった長い枝（4年目の枝）の周りにあった短い枝の多くは枯れてしまいます。

　こうしてそれ以降は生産性を失いますが、5年6年と側枝が生長してもその先には2〜3年目の「と金」がつねについているので切るのが惜しい。わかります。筆者もいつも惜しいのです。惜しいのですが、これを切らずに放置しておくと、延々と生産性のない部分が広がるばかりです。生産性のない古株がずっと養分の供給源（主枝の近く）に居座り、バリバリ稼いでいる2～3年目の「と金」たちは遠くに追いやられるという「日本の伝統的企業体質」状態に陥ってしまいます。それぞれの枝が複雑に絡み合い日陰も多くなり、結果全体の生産性も落ちます。

ベテランを切り、新人に託す

惜しいのですが、ピークを過ぎたらさっさと付け根から切り落とし、新しい1年目の枝に切り替えて新陳代謝を促しましょう。あぁ、もう、いわないでください、わかっています。確かに1年目の彼の生産性は低いのです。6年間もがんばり太りきったその枝の先をぜんぶ残せば、確かに今年の収穫量は約束されます。

　でも、長い目で見てください。せっかくよい位置から1年目の新人が生えてきたんですよ、ここは社長！　彼の「成長」を信じて6年目の彼を切ってくれませんか？　確かに今はベテランの域に達した彼のほうが圧倒的に生産性は高いです。しかし、大きくなりすぎてムダが多すぎます。彼が威張っているせいで多方に悪影響も出てきています。

　枝の径も太くなった彼が同じ場所に居続ける限り、新人の彼が使える養分なんてごくわずかでしょう。ここは1年目の彼に託して引導を渡しませんか？　社長、ご決断を！　明日のわが社を救えるのは社長のご判断にかかっています！

＊

　養分の供給源となる、どっしりと構えた動かない骨格のすぐ近くで、ぐるぐると全盛期の枝、これからを担う新人の枝がバランスよく配置されていることが理想の状態であり、これが毎年のせん定のときに、株式会社「果樹」の経営者であるあなたが切らなければならない判断の基準になるのです。どうですか？　その循環をつくり出す重要な軸となる骨格の大切さもわかってきたのではないでしょうか？

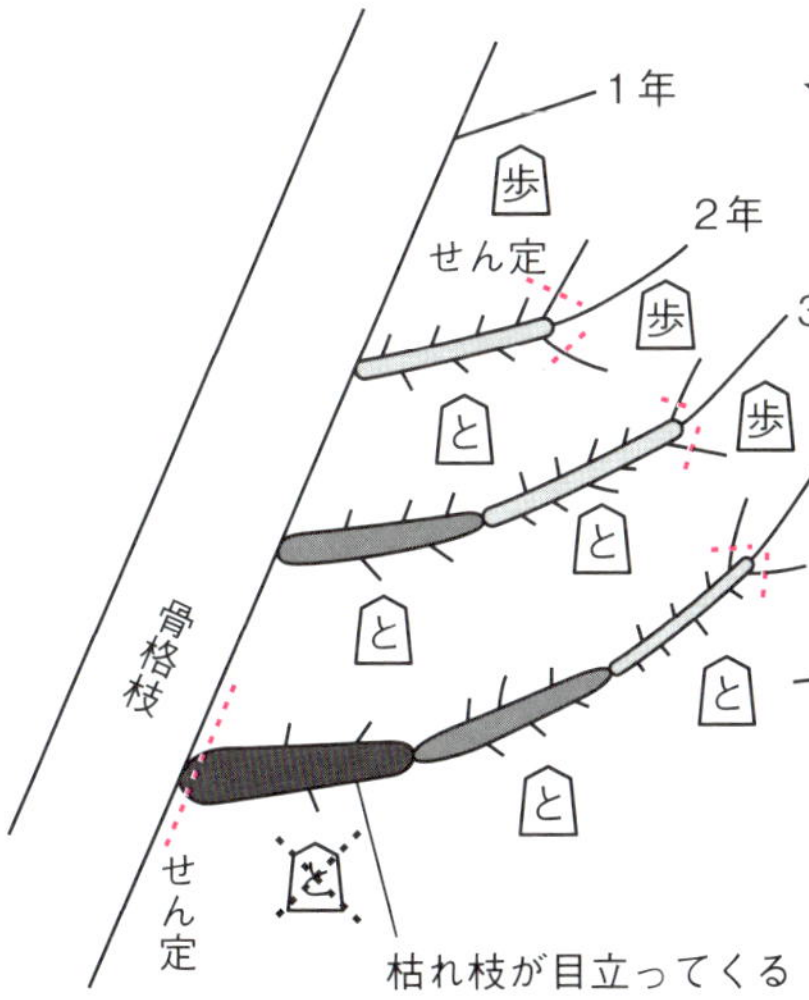

成り枝（側枝）を循環させることで、生産力が持続し、樹の若さ（元気）も保たれる

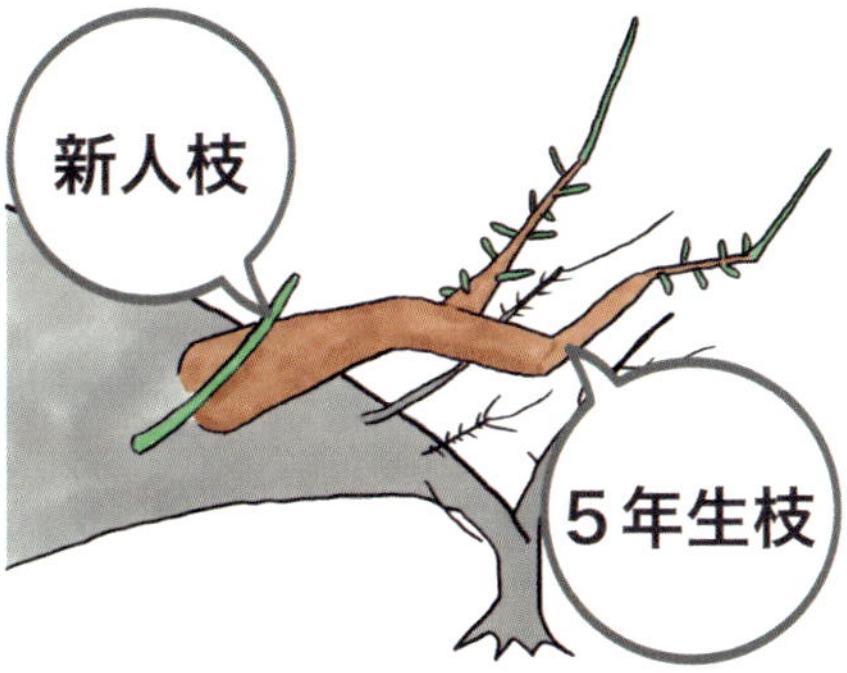

5年生のベテランの枝の先にも2～3年目の「と金」がたくさんついているが、放置せずに切って新人枝に託す

実のなる枝の結果習性

果樹の枝には、樹種ごと◆花芽や◆葉芽のつく位置に規則性があります。これを結果習性と呼び、ブドウ型、カキ型、ミカン型、リンゴ型、モモ型の五つに分けられます。

結果習性がわかれば、冬に枝を見たとき、春になったらどこから芽吹いて、どこにどう花が咲くのかが想像できるようになります。

切るべき位置、切ってはいけない位置も見えてきて、せん定が、もっとおもしろくなるはずです。

ブドウ

ブドウやキウイフルーツはつる性で、ほとんどの芽に葉芽と花芽が含まれている

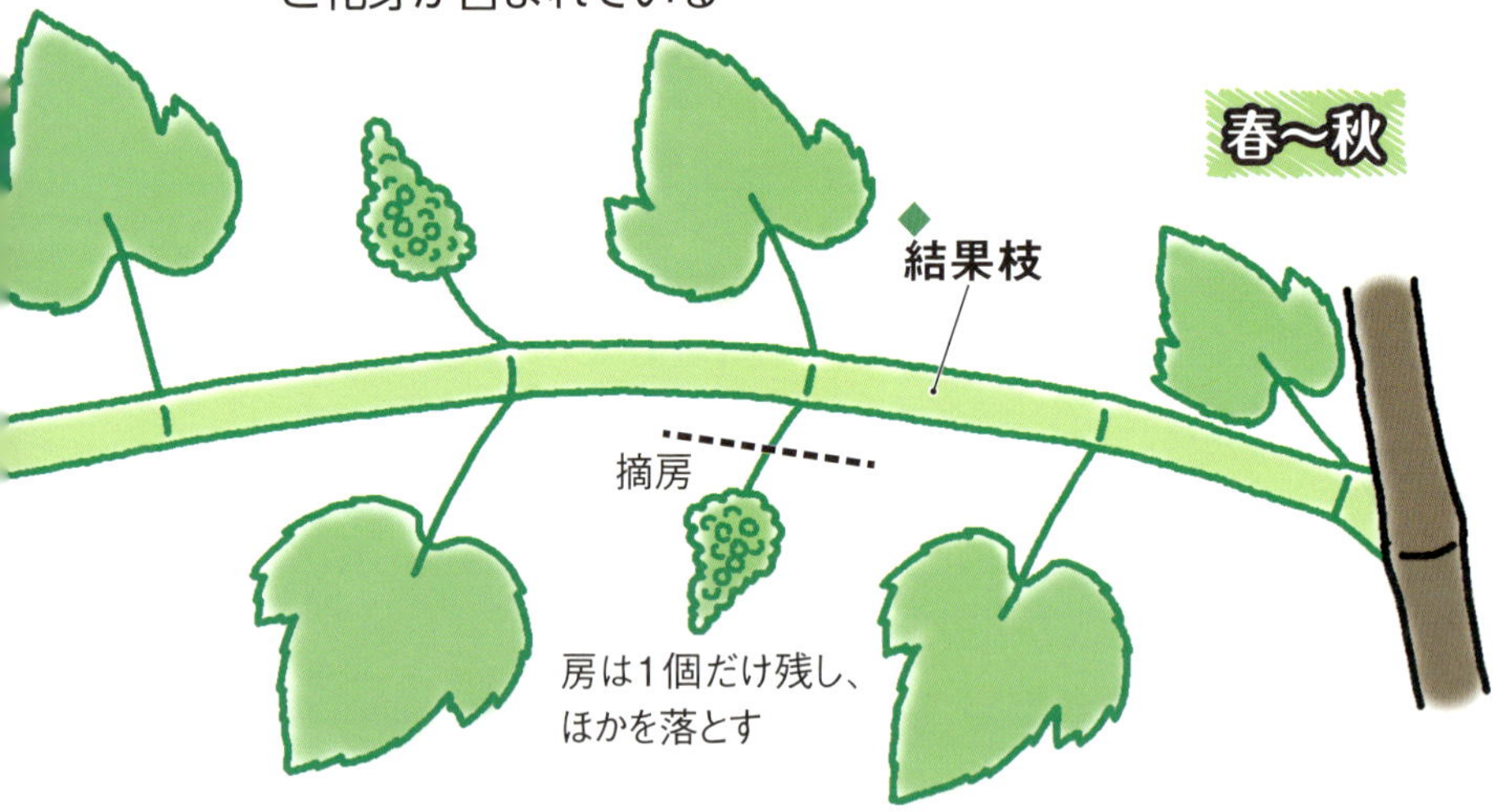
春〜秋
◆結果枝
摘房
房は1個だけ残し、
ほかを落とす

毎年、新しく出た枝に花芽がつく 即戦力型

芽から◆新梢が伸び、その途中に房（花）がつく。夏になると、それぞれの節（葉っぱの付け根）に翌年のための花芽が形成されていく

ブドウの芽

この中に枝を出す葉芽と房をつける花芽が両方含まれている

◆マークは14ページに用語解説あり

ブドウ型　春に伸びた枝に、実も花芽もつく

[樹種] ブドウ、キウイフルーツ、イチジク

ポイント

葉っぱ10～12枚の先を切る。残った房や芽に栄養がしっかり溜まる

冬

房もなくなり葉も落ちて、芽（葉芽と花芽）が残る。摘心により、枝の先端から付け根の芽まで栄養が行き渡り、ほとんどの芽に花芽ができている

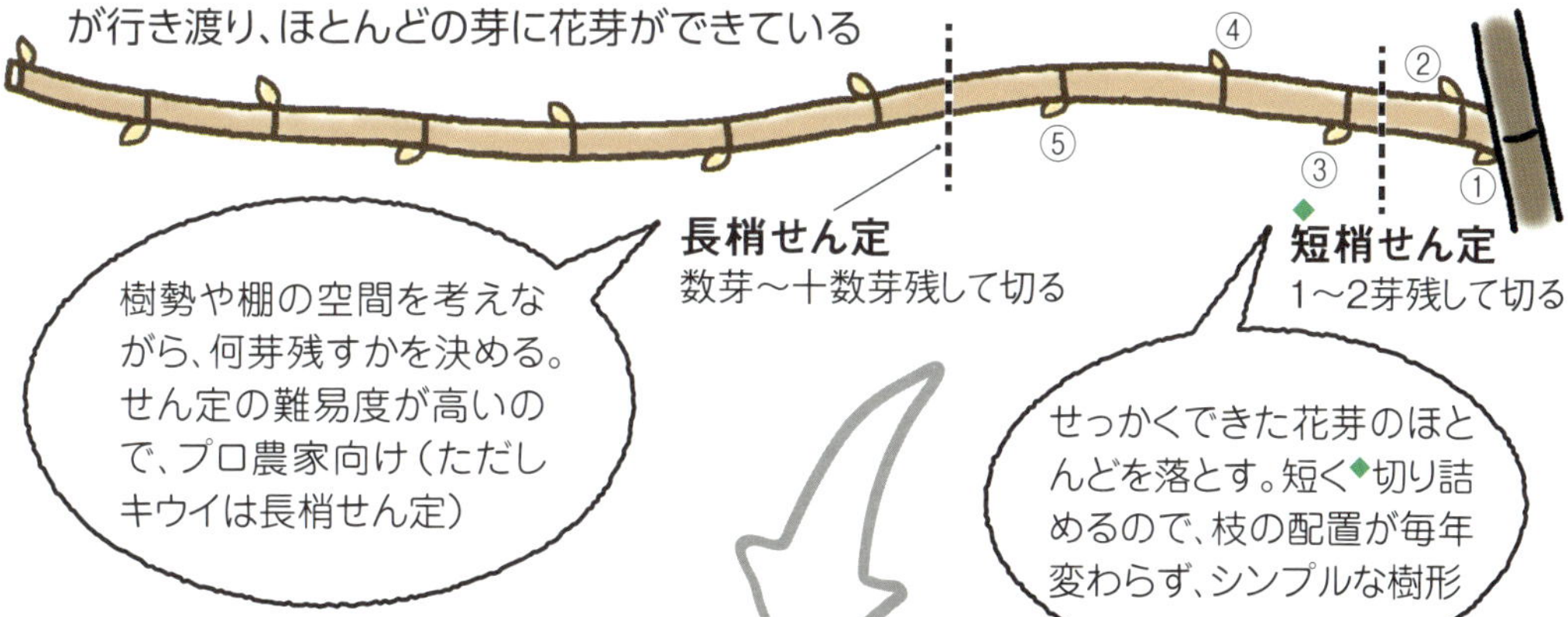

長梢せん定
数芽～十数芽残して切る

樹勢や棚の空間を考えながら、何芽残すかを決める。せん定の難易度が高いので、プロ農家向け（ただしキウイは長梢せん定）

短梢せん定
1～2芽残して切る

せっかくできた花芽のほとんどを落とす。短く◆切り詰めるので、枝の配置が毎年変わらず、シンプルな樹形

翌春～翌秋

残したわずかな芽から新しい枝が出る。毎年、冬に枝の付け根まで切り詰めていく

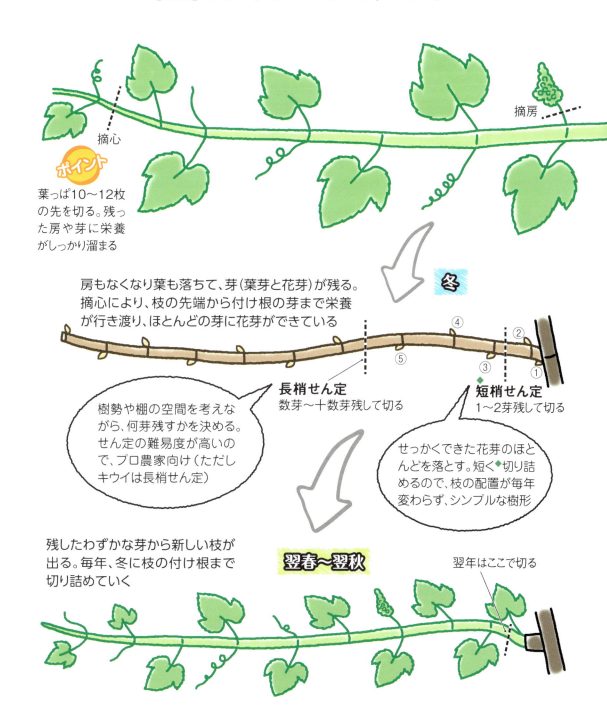

ブドウ型の切り方

このタイプの樹種は1年で側枝を更新していくことが重要です。主枝のつくり方の基本は、つる性のブドウとキウイフルーツでは同じですが、そこから出てくる側枝の配置の仕方に少し違いがあります。

ブドウの◆短梢せん定

毎年、◆結果枝を短く◆切り詰める

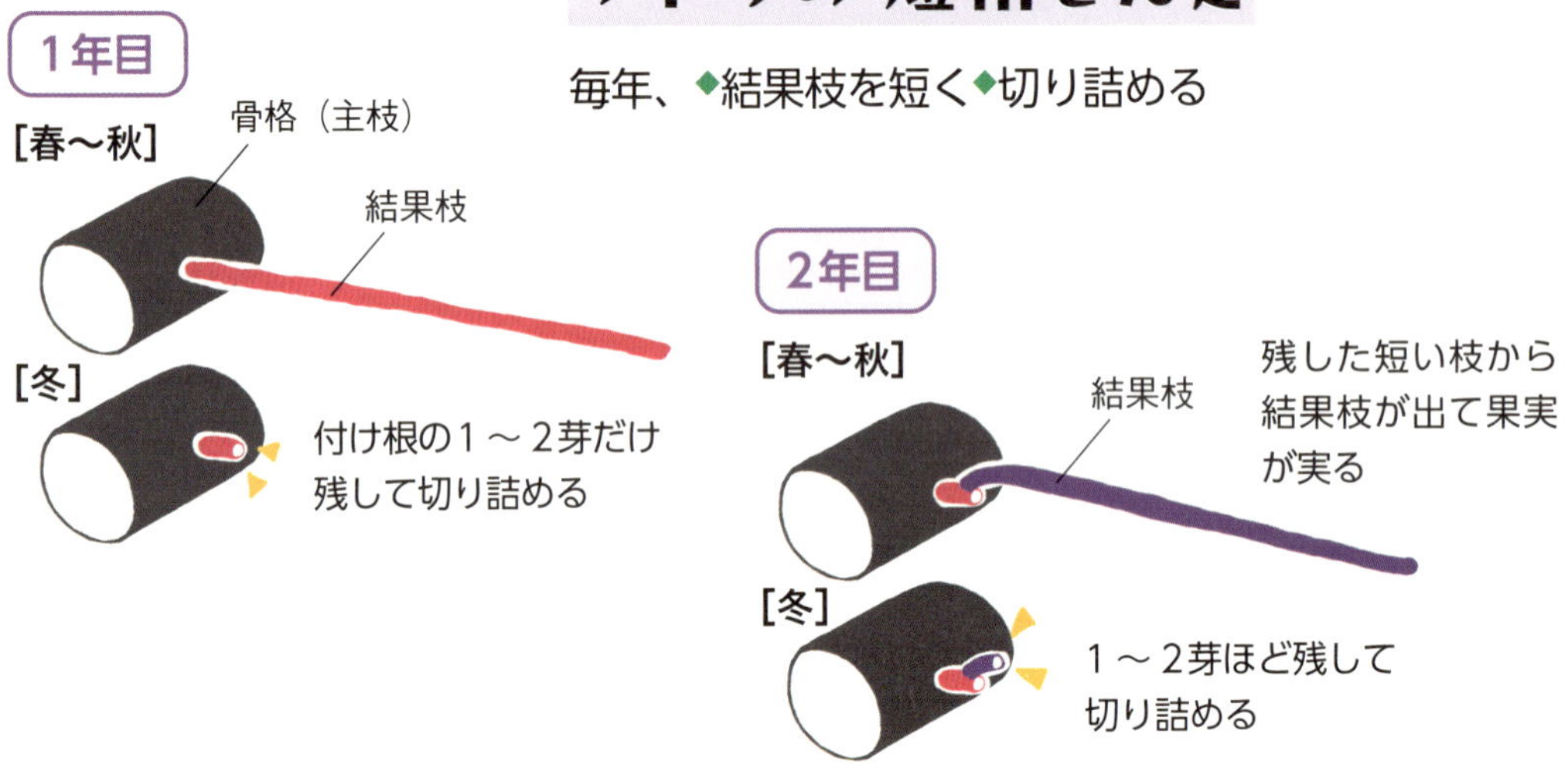

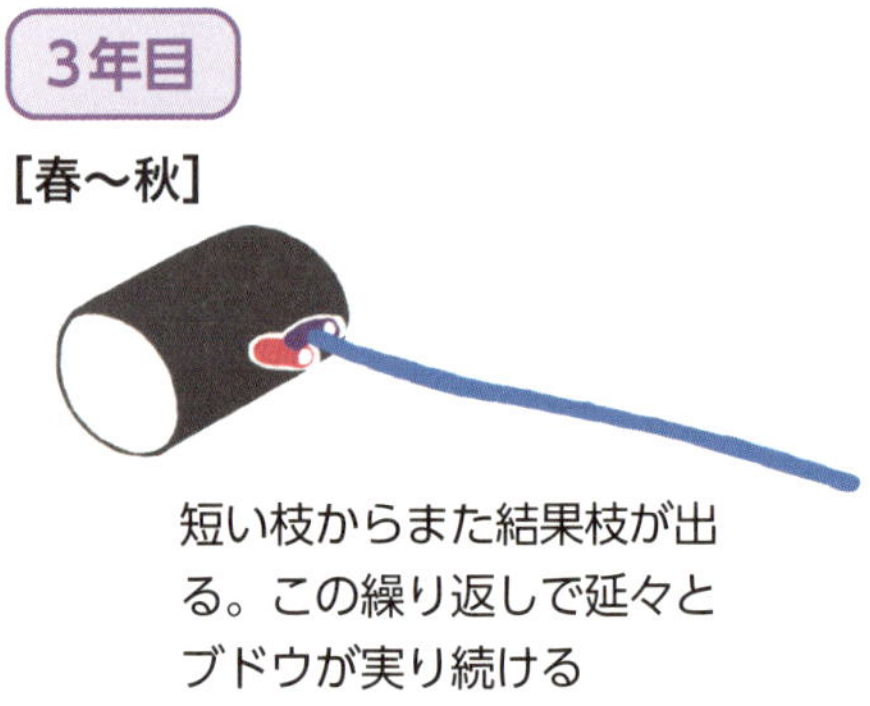

イチジクの短梢せん定

ブドウとまったく同じ発想で、
毎年付け根の1～2芽を残して切り詰める

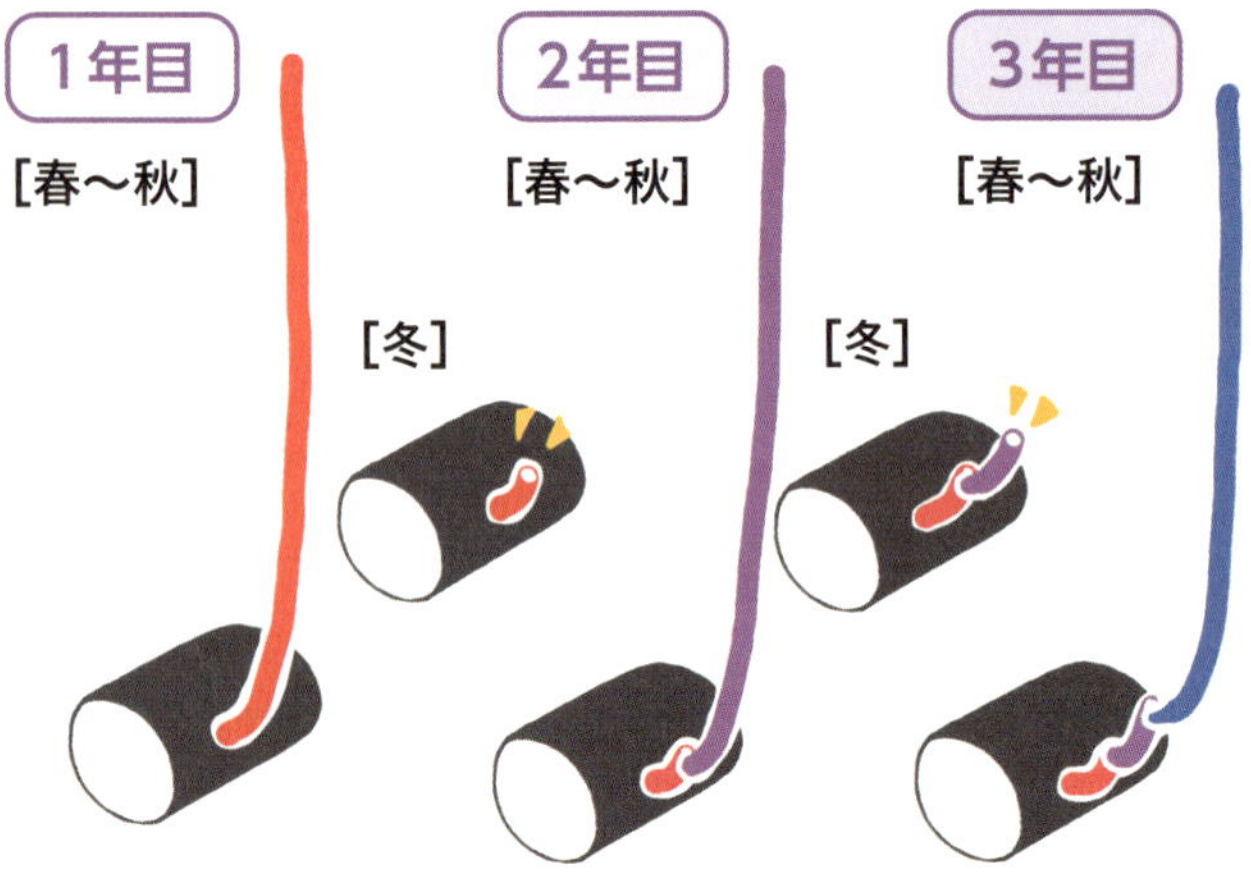

イチジクはつる性ではなく立ち木性なだけで、生理はブドウと似ている。ただし、これは秋果をねらったせん定方法。夏果専用品種の特殊なイチジクでは、半分の枝を切り戻さずにそのまま結果枝とし、残りを短く切り戻す

◆マークは14ページに用語解説あり

キウイフルーツの長梢せん定

キウイフルーツは家庭でも放任でつくりやすく人気だが、
少しだけせん定がややこしい。ブドウのように骨格をつくっても、
その後ぐちゃぐちゃになりやすい

1年目

[春〜秋]

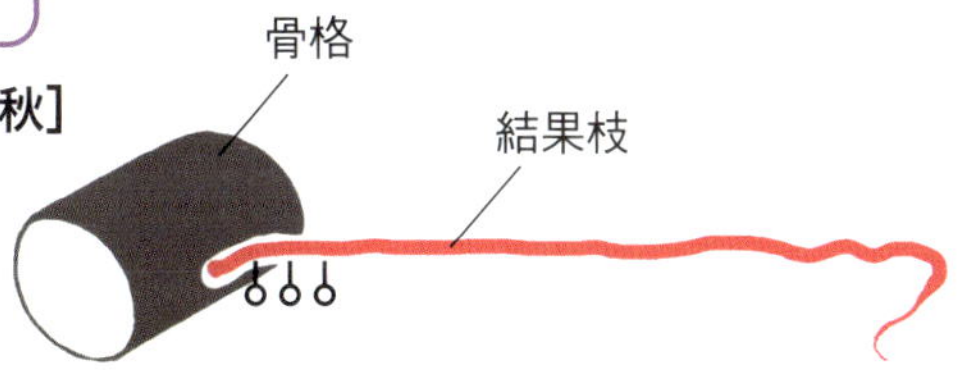

[冬]

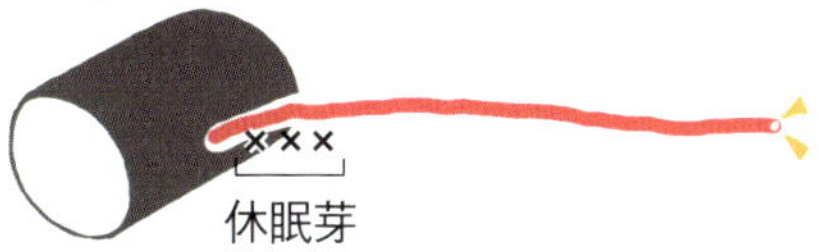

キウイは枝の付け根付近に果実が着果し、翌年はそこから◆新梢が発生しない（休眠芽）。短く切り詰めることができないので、長く(10芽以上)残して先端だけ切り詰める

2年目

[春〜秋]

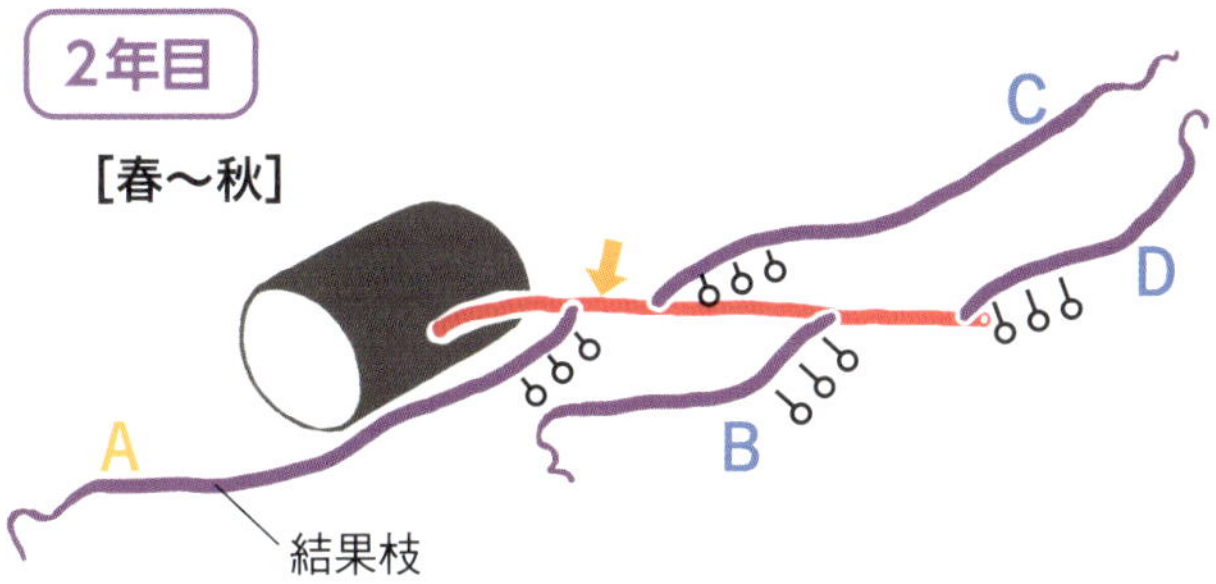

何本か結果枝が発生し、果実が実る。このままにしておくと、A～Dのすべての枝から次の年に何本もの新梢が発生し、ぐちゃぐちゃのジャングル状態になる。ジャングルを回避するために、矢印の部分でせん定し、Aだけを残してB、C、Dの枝を諦めることが肝心

[冬]

Aの枝を骨格と垂直に配置する（棚に結び付ける）

3年目

[春〜秋]

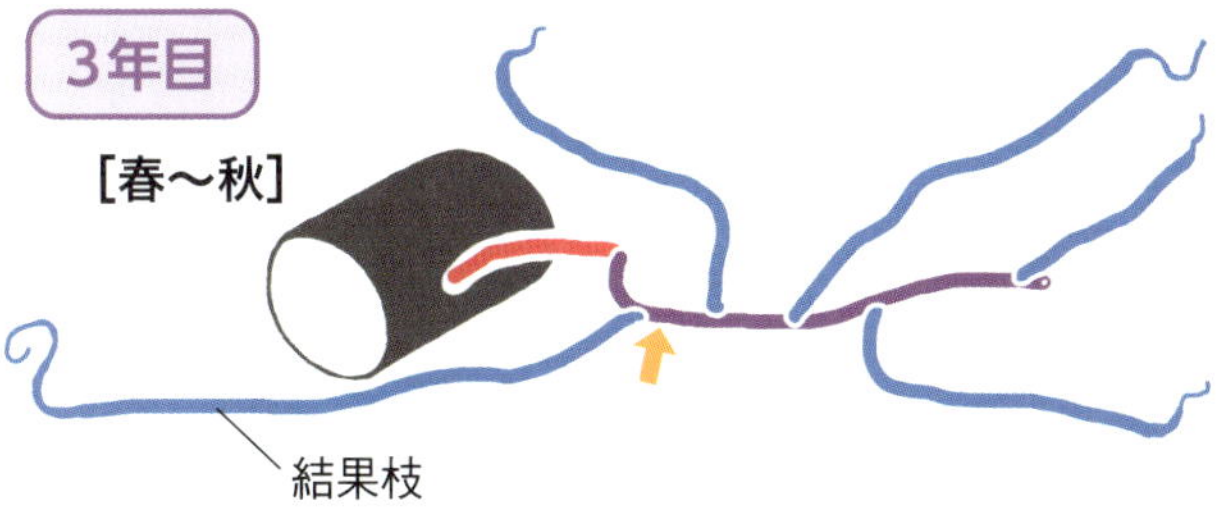

春～秋に結果枝が何本も出るので、冬にまた矢印の位置で切る。これを続けると結果枝がどんどん骨格から離れてしまうので、骨格から新しい枝が発生（◆胴吹き）したら積極的に側枝をまるごと更新する

カキ型　春に伸びた枝に実がなり、花芽は先端につく

［樹種］カキ、クリ

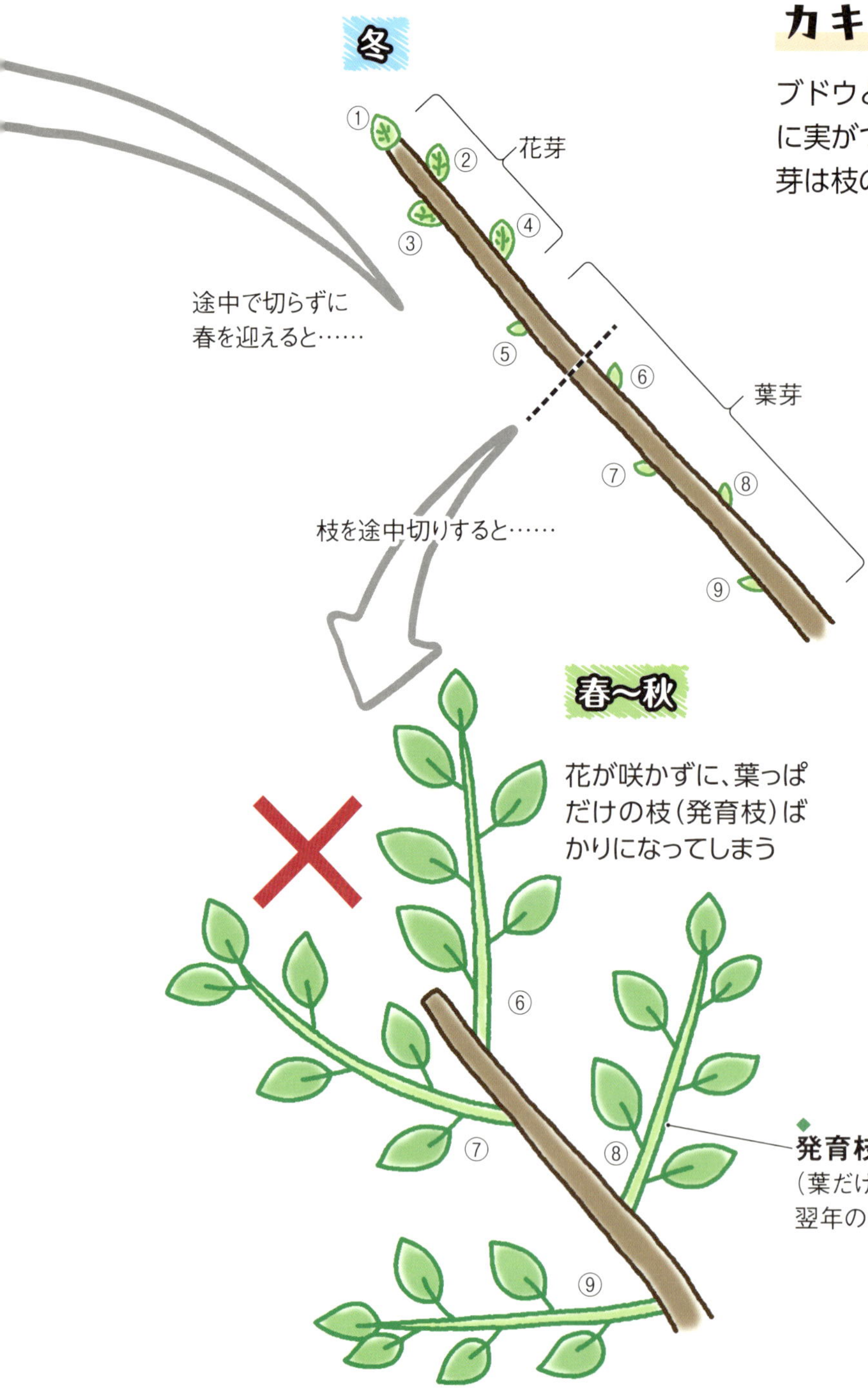

◆**発育枝**
（葉だけで実がないが、
翌年の枝として使える）

カキ

ブドウと同じく、春に伸びた枝に実がつくが、翌年のための花芽は枝の先端にだけできる

カキの芽

先端の充実した芽にだけ、◆花芽（◆葉芽も含む）ができる

枝の中間にできた葉芽

◆マークは14ページに用語解説あり

新梢の先端にだけ
花芽がつく
クセのある
即戦力型

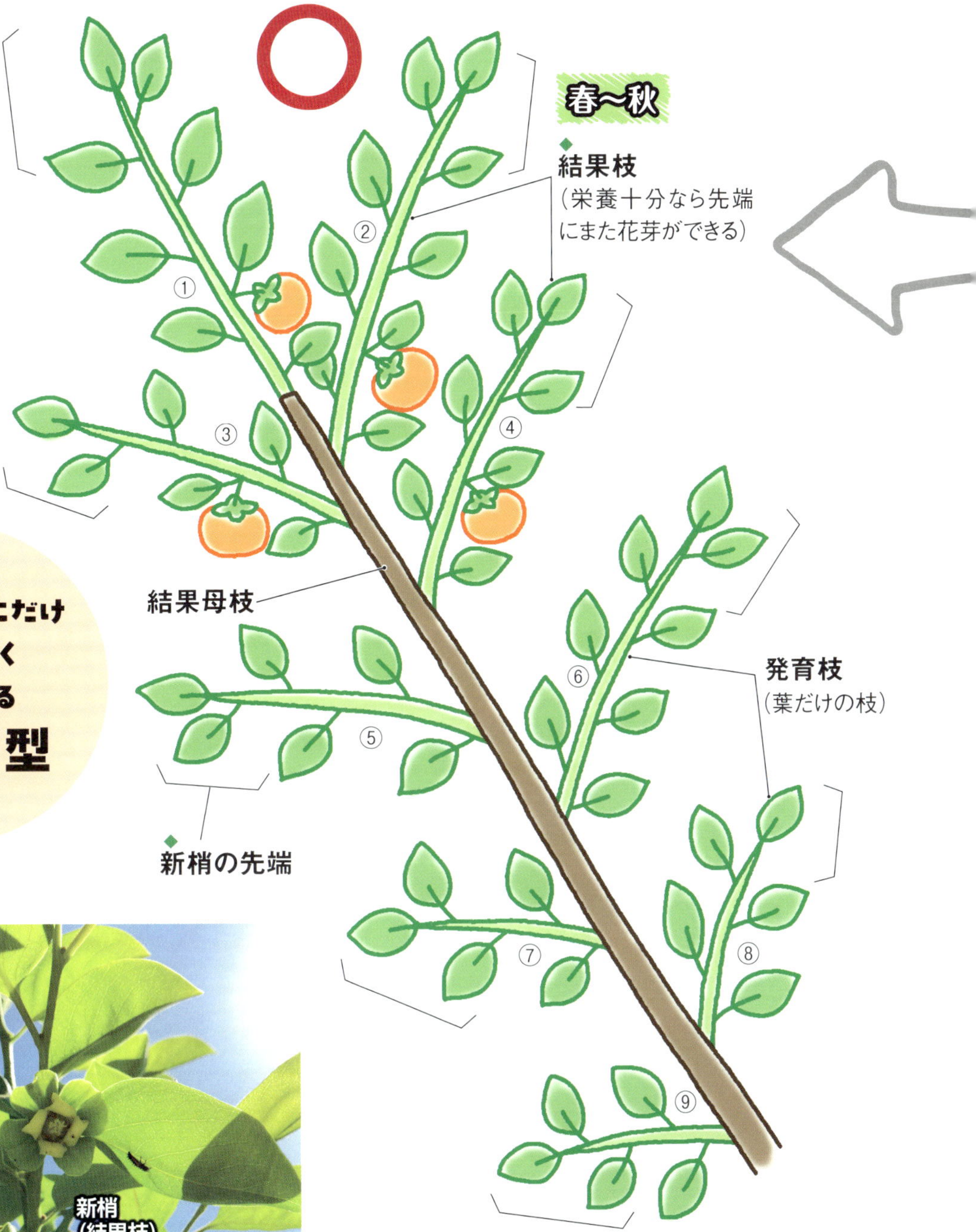

先端のほうから出た枝（①～④）にだけ、花が咲き、実がなる

カキの新梢と花

カキ型の切り方

カキ型果樹は1年目の枝の先端に花芽がつく。骨格からは新しい枝がよく出るので、どんどん側枝を更新していきます。

カキ

1年目

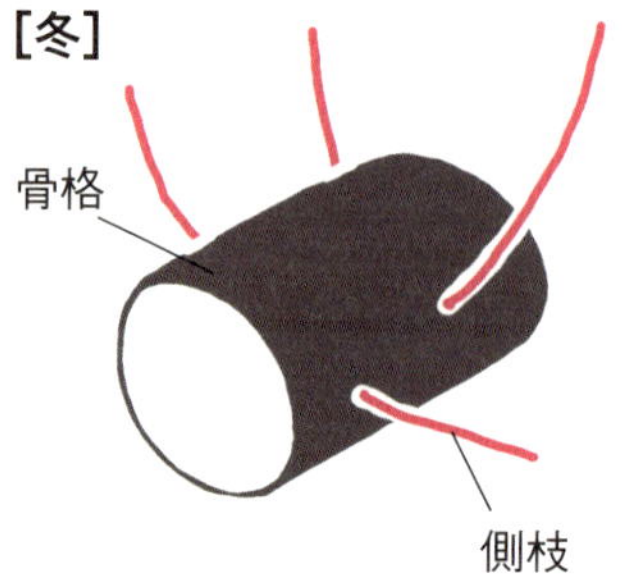

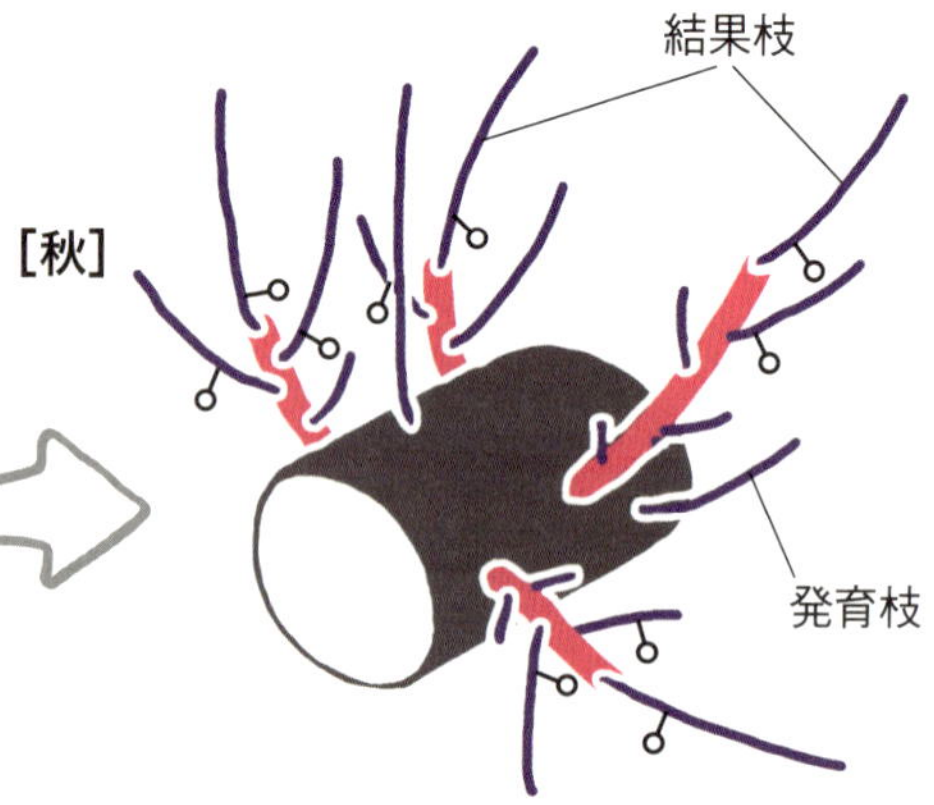

1年目の側枝が何本かある。春に側枝から◆新梢が発生して、先端の2～4本くらいは花を咲かせ果実を実らせる（◆結果枝）。付け根のほうは葉しか出ない発育枝になる

2年目

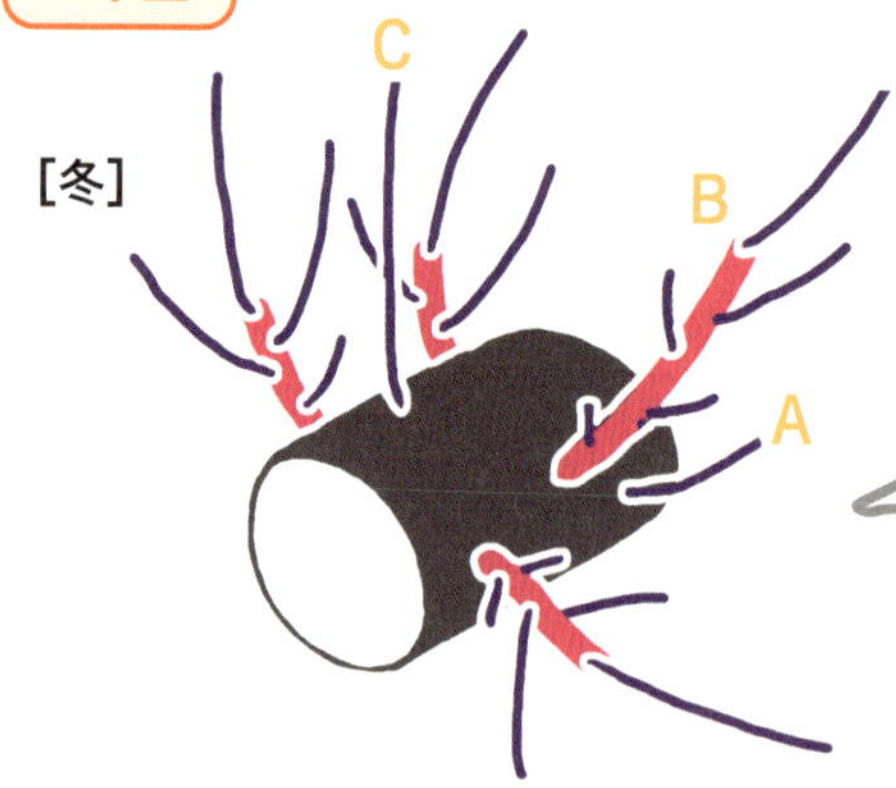

果実を収穫したらすぐに落葉してせん定時期になるが、ミカン型（p44）のように実がなる枝とならない枝が確定しているわけではない。しかし、養分が足りずにほっそりした枝や強すぎる徒長枝には花がつきにくいので、優先して切り落とす。Aのように新しい枝が骨格から出てきたら、近くのBのような先輩枝は積極的に切り落として側枝を更新する。Cは立ち上がり気味なので迷うが、近くの枝もまだ2年目と若いので更新は保留してみる

◆マークは14ページに用語解説あり

3年目

[冬]

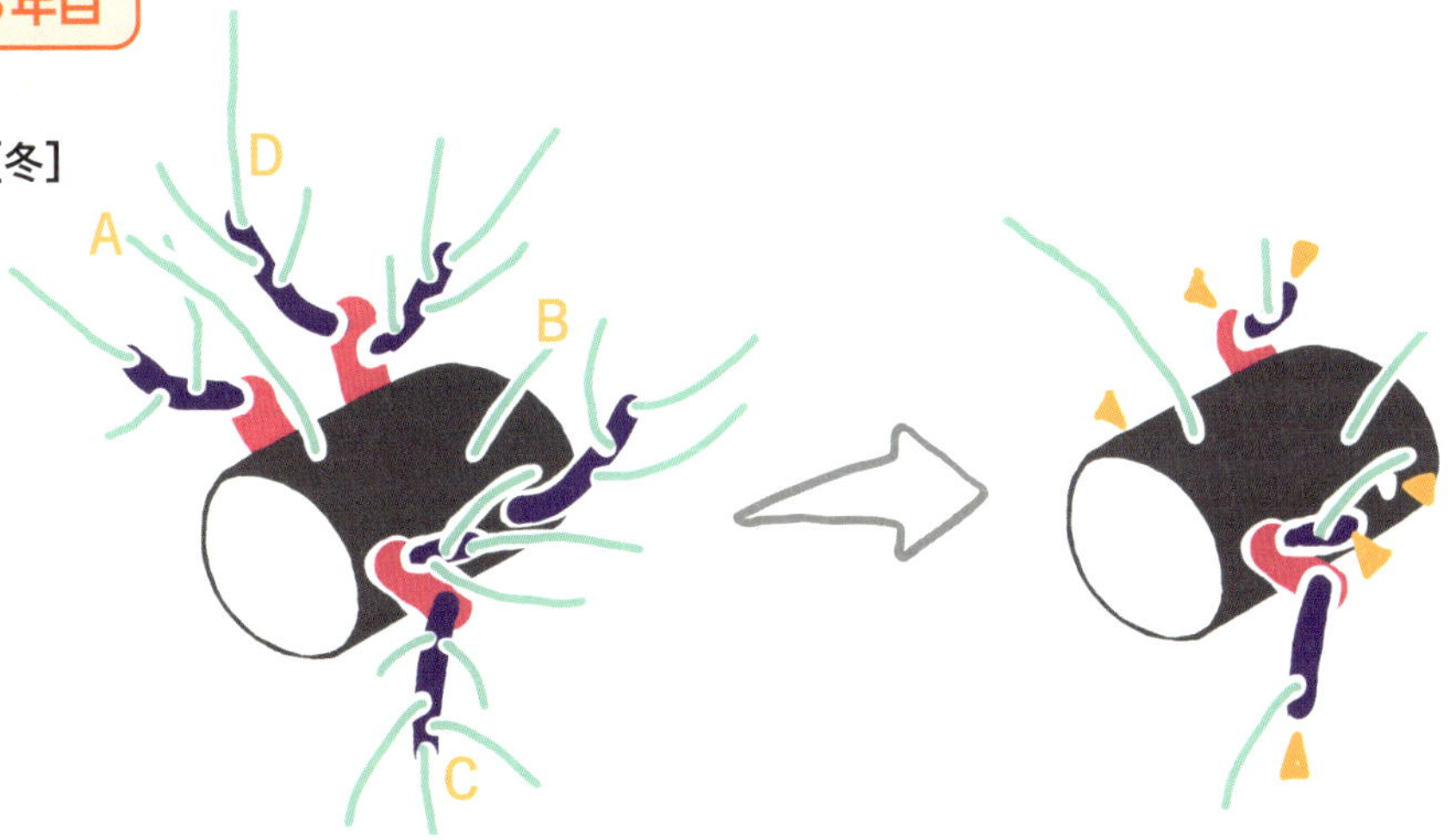

結構透かしたように見えてもどんどん茂ってくる。よい位置から発生した◆1年枝（AやB）に積極的に切り替えるために元の側枝を切り落とし、CやDの側枝も骨格から離れすぎないように付け根の近くまで切り戻した。ほかの樹や枝に影響がないのであればそのまま伸ばし続けても問題ない。カキの葉は大きいので、せん定後の枝と枝の間は20～30㎝くらいスペースがほしい

あなたならどう切る？

4年目

[冬]

DやEの側枝の近くに更新できそうな1年枝が出ている。Cの側枝の近くにはよい枝がないので、まだまだがんばってもらうとよい

ミカン型　実のない枝にしか、花芽がつかない

［樹種］カンキツ類

ミカン

前年に伸びた◆発育枝から新芽が伸び、その先端に実をつける

ミカンの芽
肉眼で見ただけでは、◆葉芽か◆花芽か見分けがつかない

今年、葉だけの発育枝

ミカンは冬も葉をつける常緑樹。11～3月の寒い時期に花芽分化する

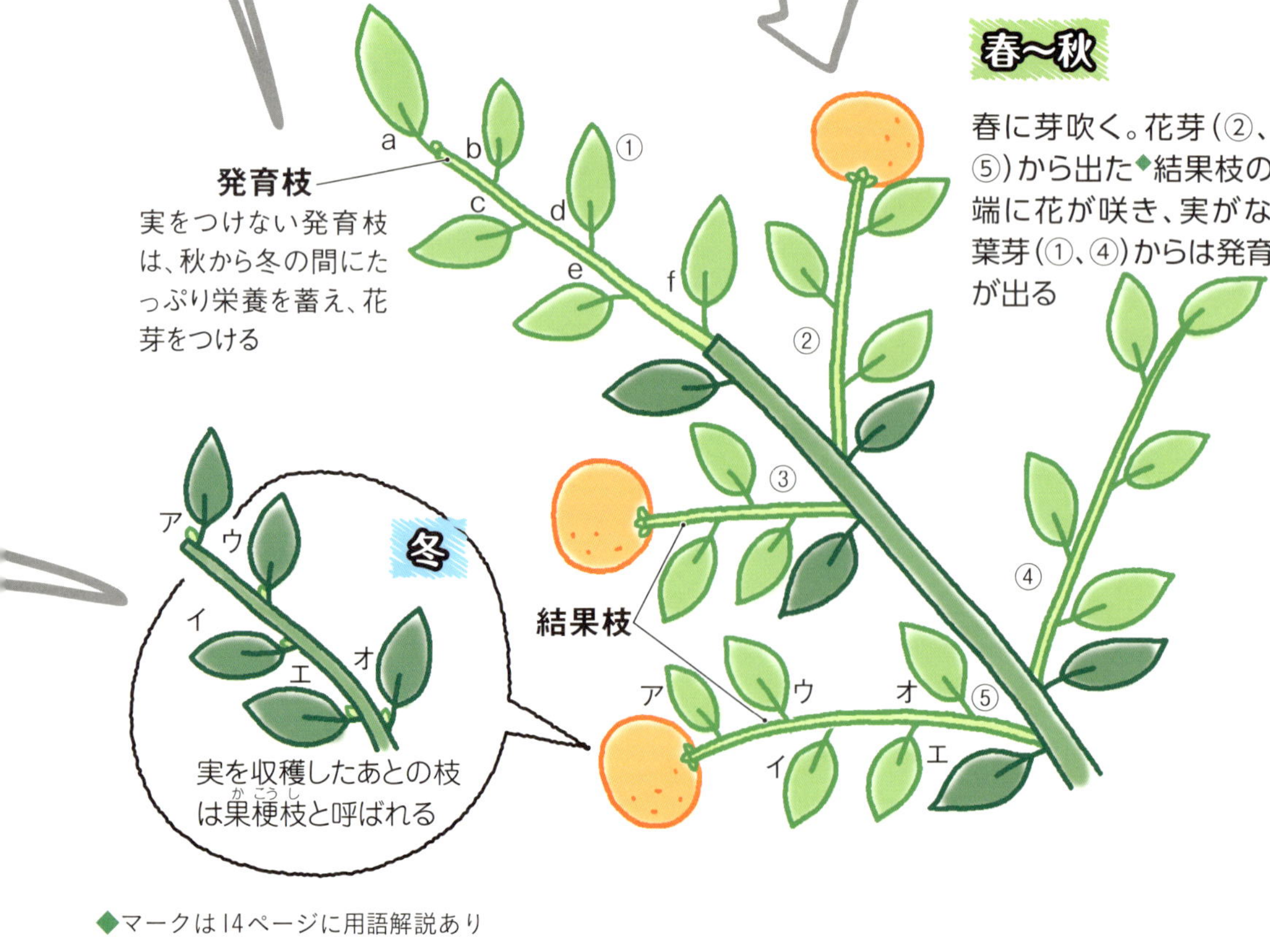
春に芽吹く。花芽（②、③、⑤）から出た◆結果枝の先端に花が咲き、実がなる。葉芽（①、④）からは発育枝が出る
実をつけない発育枝は、秋から冬の間にたっぷり栄養を蓄え、花芽をつける

実を収穫したあとの枝は果梗枝《かこうし》と呼ばれる

◆マークは14ページに用語解説あり

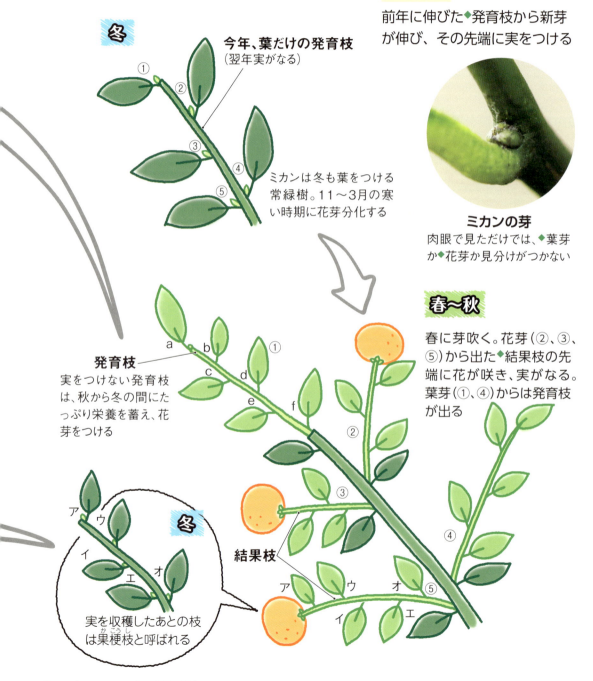

実がついた枝には花芽がつかない一発屋型

翌春〜翌秋

発育枝は翌年に花や実をならす結果枝をつける

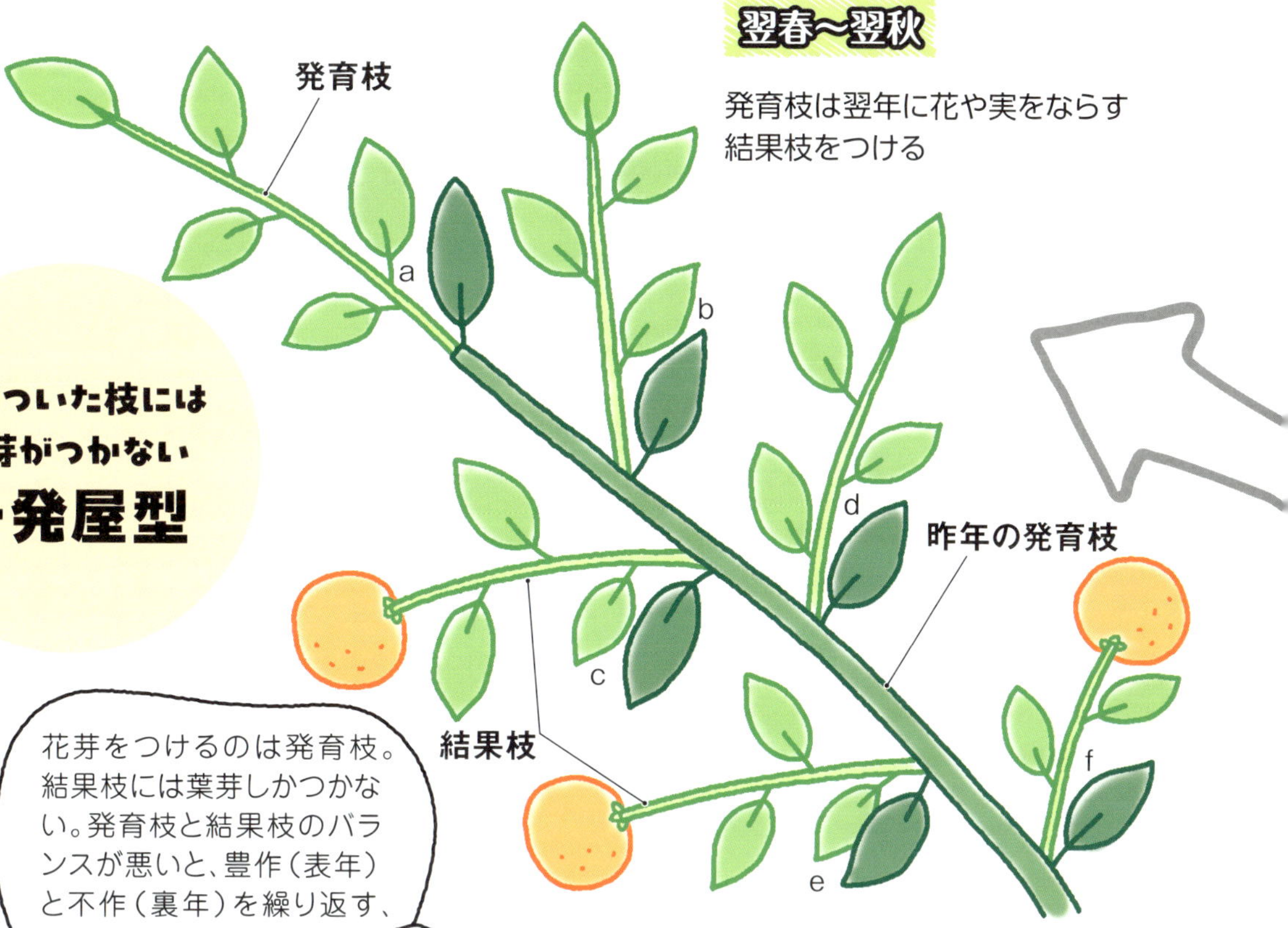

花芽をつけるのは発育枝。結果枝には葉芽しかつかない。発育枝と結果枝のバランスが悪いと、豊作（表年）と不作（裏年）を繰り返す、隔年結果になってしまう

果梗枝は果実に養分をもっていかれたため、花芽がつかず、すべての芽から発育枝が発生する

ミカン型の切り方

ミカン型は常緑樹なので、全体の2割くらいしかせん定できません。それ以上すると樹が弱ってしまいます。一本いっぽんの枝を管理するというよりも枝のかたまりで見て、茂りすぎていたら透かす程度の弱めのせん定を心がけましょう。

ミカン

1年目

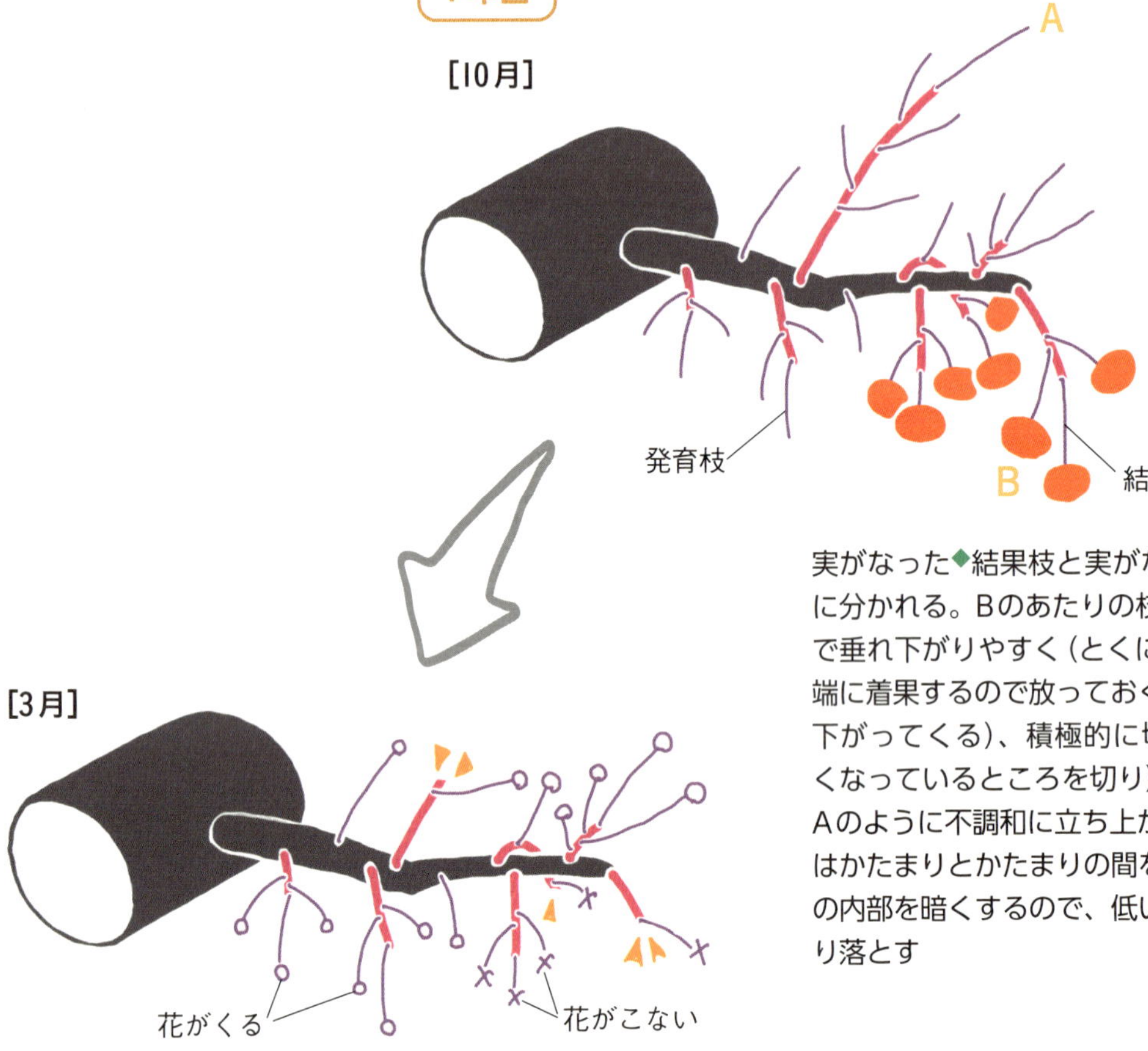

実がなった◆結果枝と実がない◆発育枝に分かれる。Bのあたりの枝は実の重みで垂れ下がりやすく（とくにミカンは先端に着果するので放っておくと骨格ごと下がってくる）、積極的に切り上げ（低くなっているところを切り）ます。またAのように不調和に立ち上がっている枝はかたまりとかたまりの間をふさいで樹の内部を暗くするので、低い位置まで切り落とす

せん定した時点で、今年の果実の量は決定している。去年実がなったBのあたりの枝は今年果実がならない。去年発育枝だった枝先には今年実がなる

◆マークは14ページに用語解説あり

2年目

[10月]

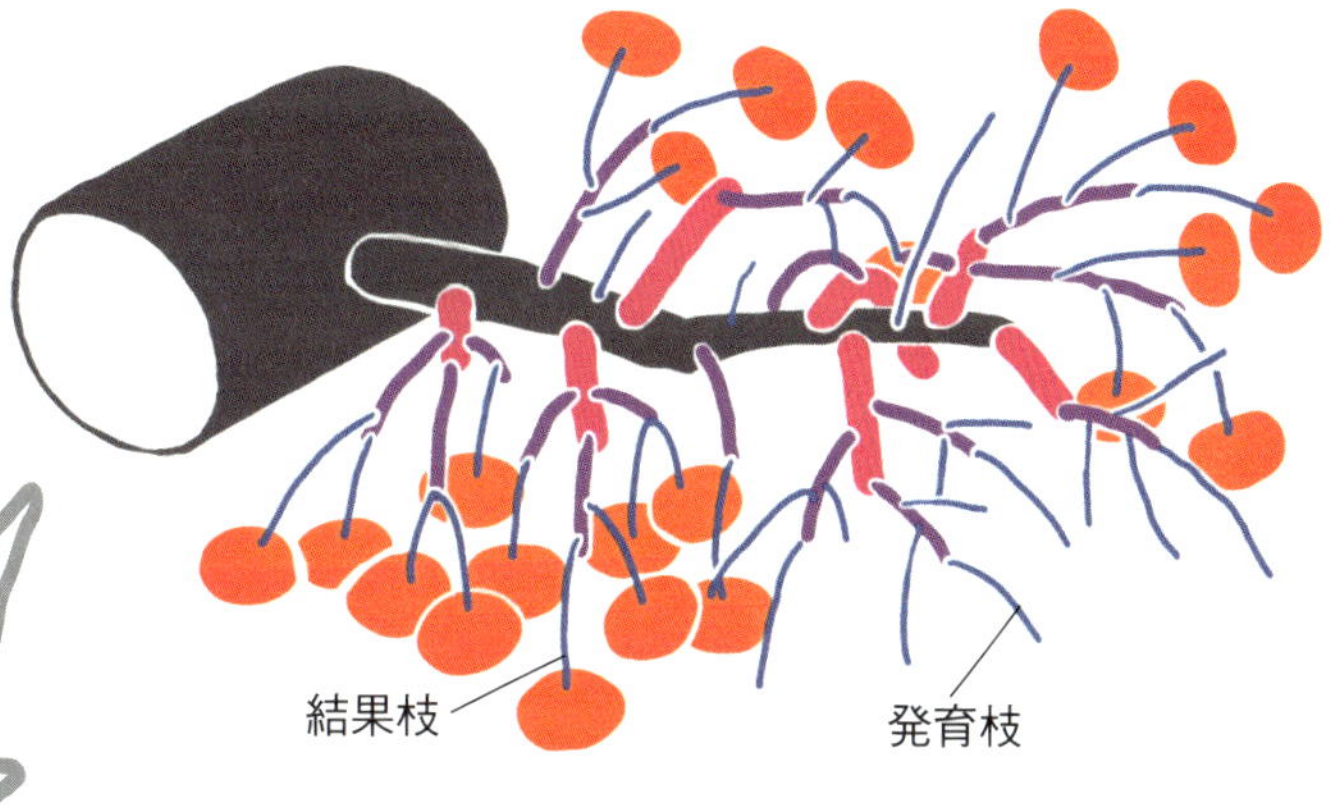

実がいっぱいなったせいで、養分が果実にとられて、新しい強い枝はあまり出ていない。ミカンはせん定よりも摘果で着果量の調整をすることが重要

[3月]

前年豊作だったなら垂れ下がった枝だけを控えめにせん定しておく。ならなかった（今年なる）枝は切らないように気をつける

3年目

[10月]

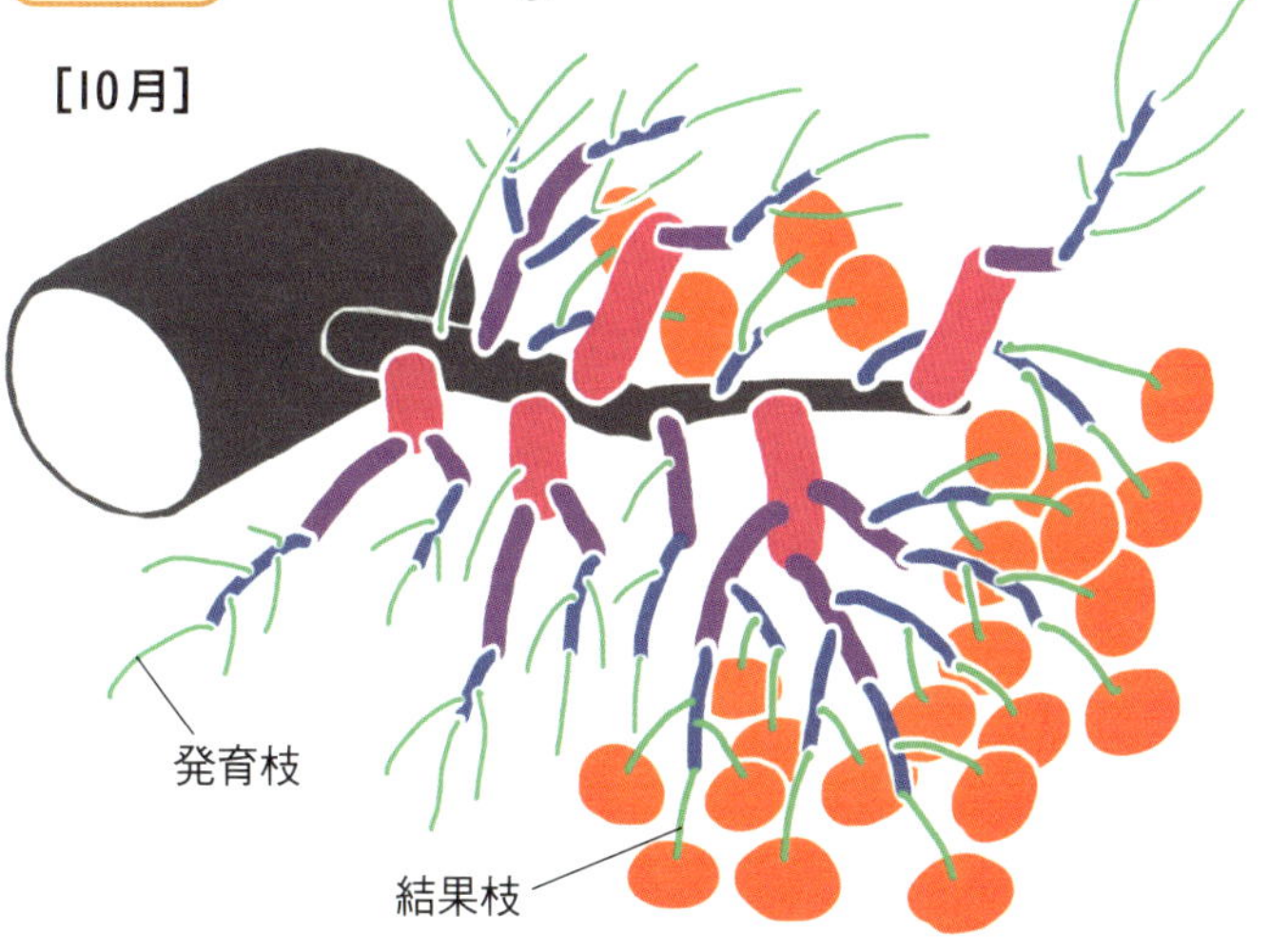

結果枝と発育枝が半々くらいのバランスになってきた。隔年結果も防げている。込みすぎた枝を◆間引いて、樹の反対側がちらちらと見える程度、樹の中に木漏れ日が射す程度には透かしてあげる。先端に着果する性質ゆえ、全体的に枝が垂れ下がりやすいので、できるだけ上向きの枝に切り上げよう

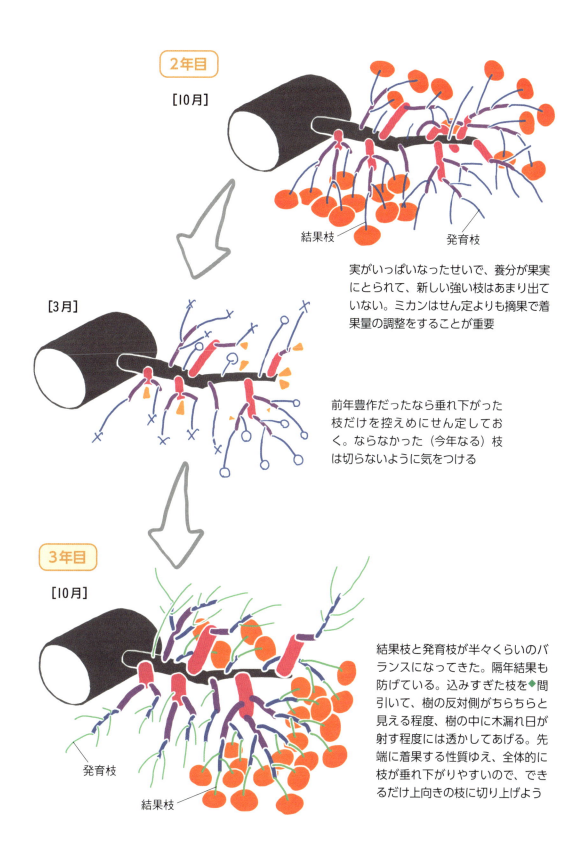

モモ型　葉芽と花芽が別々につく

［樹種］モモ、スモモ、ウメ、アンズ、アーモンド

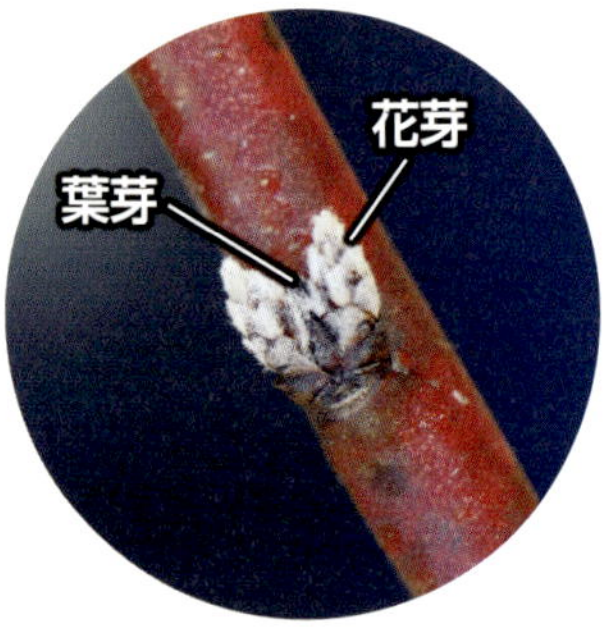

モモの花芽と葉芽

モモ

冬に◆1年枝にできた芽をよく見ると、◆葉芽と◆花芽が別々についている。樹の負担を軽くするために、まだ蕾のうちに花芽だけ除いて葉芽だけ残すこともできる（◆摘蕾）

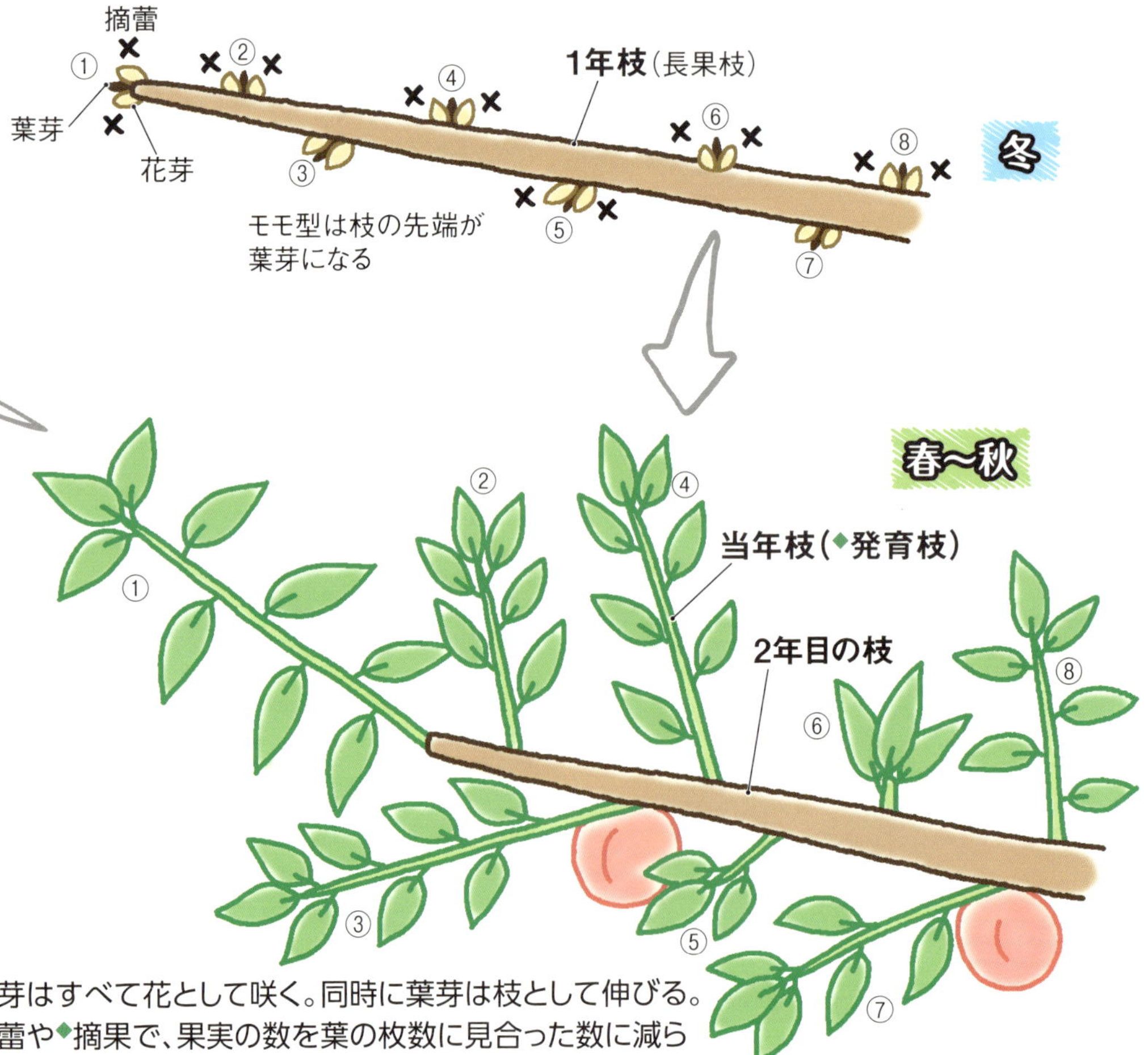

花芽はすべて花として咲く。同時に葉芽は枝として伸びる。摘蕾や◆摘果で、果実の数を葉の枚数に見合った数に減らしてならせる。果実は前年の枝に直接くっつく形で実る

◆マーク は14ページに用語解説あり

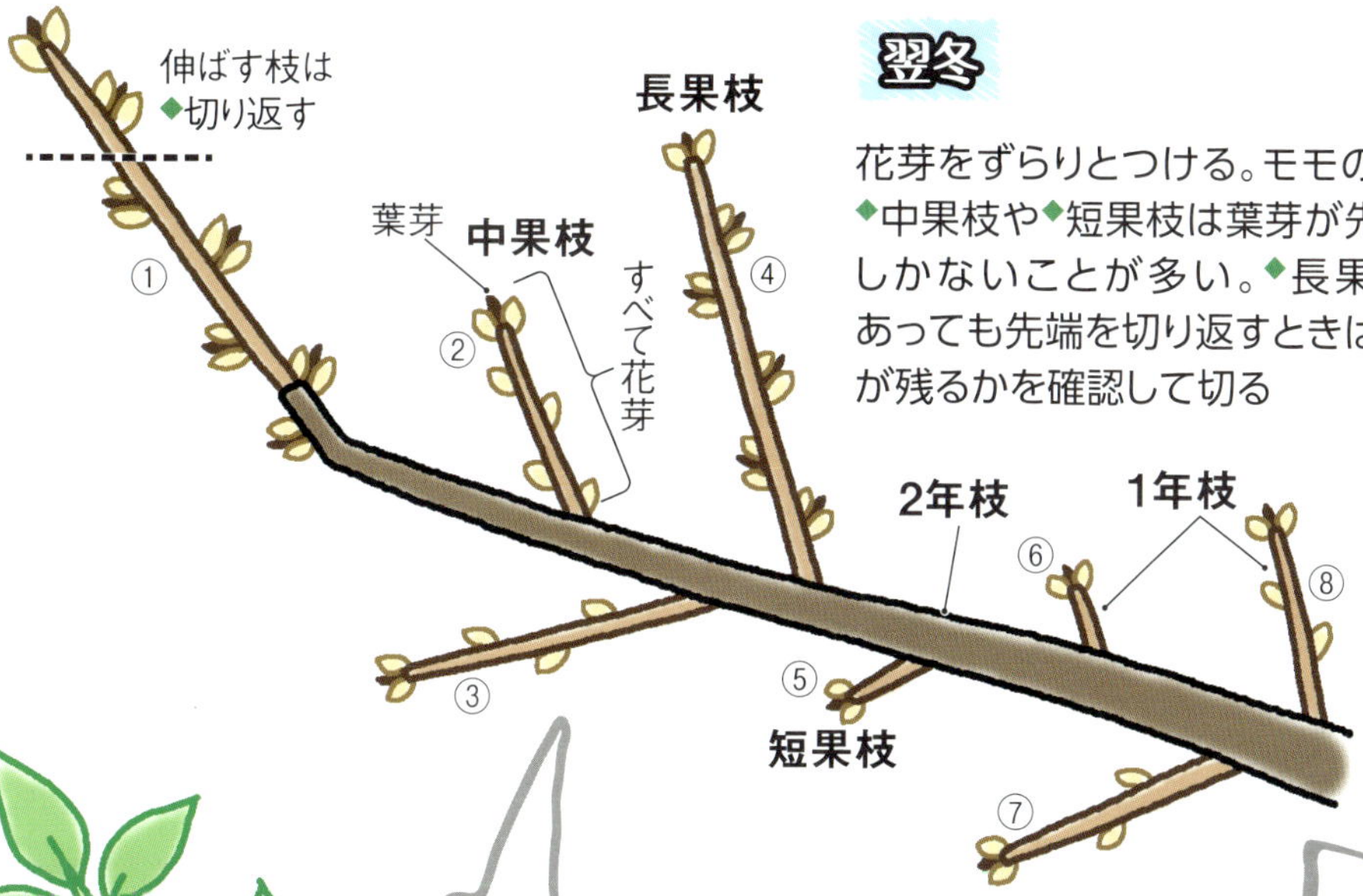

翌冬

花芽をずらりとつける。モモの場合、◆中果枝や◆短果枝は葉芽が先端にしかないことが多い。◆長果枝であっても先端を切り返すときは葉芽が残るかを確認して切る

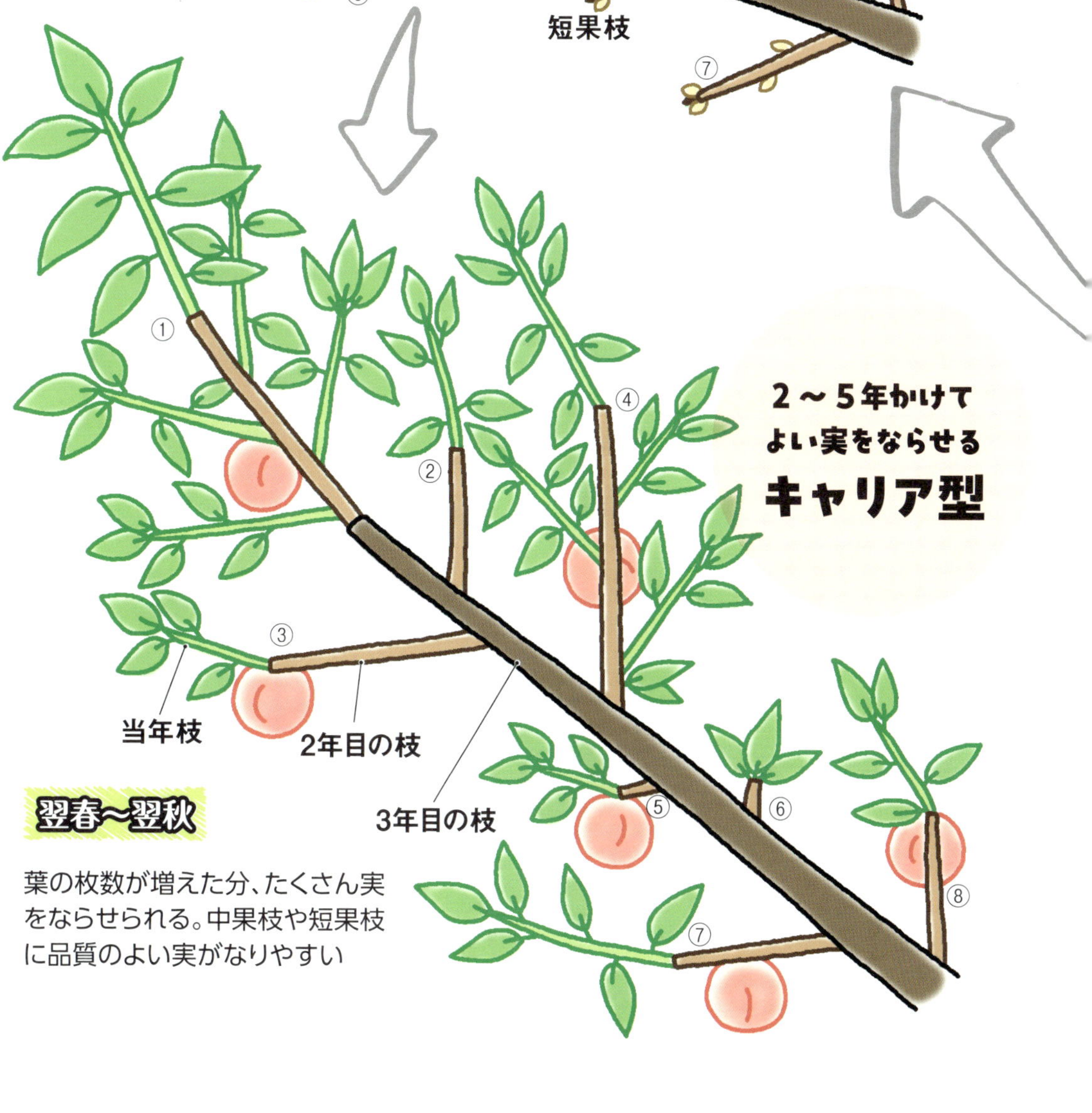

翌春～翌秋

葉の枚数が増えた分、たくさん実をならせられる。中果枝や短果枝に品質のよい実がなりやすい

リンゴ型　短い枝の先端によい実をつける

［樹種］リンゴ、ナシ、カリン

リンゴ

前年の枝の先端に実がなる。モモ型とほぼ同じ習性だが、◆花芽は◆葉芽と一緒になっていて、◆摘蕾すると葉も出てこなくなってしまう

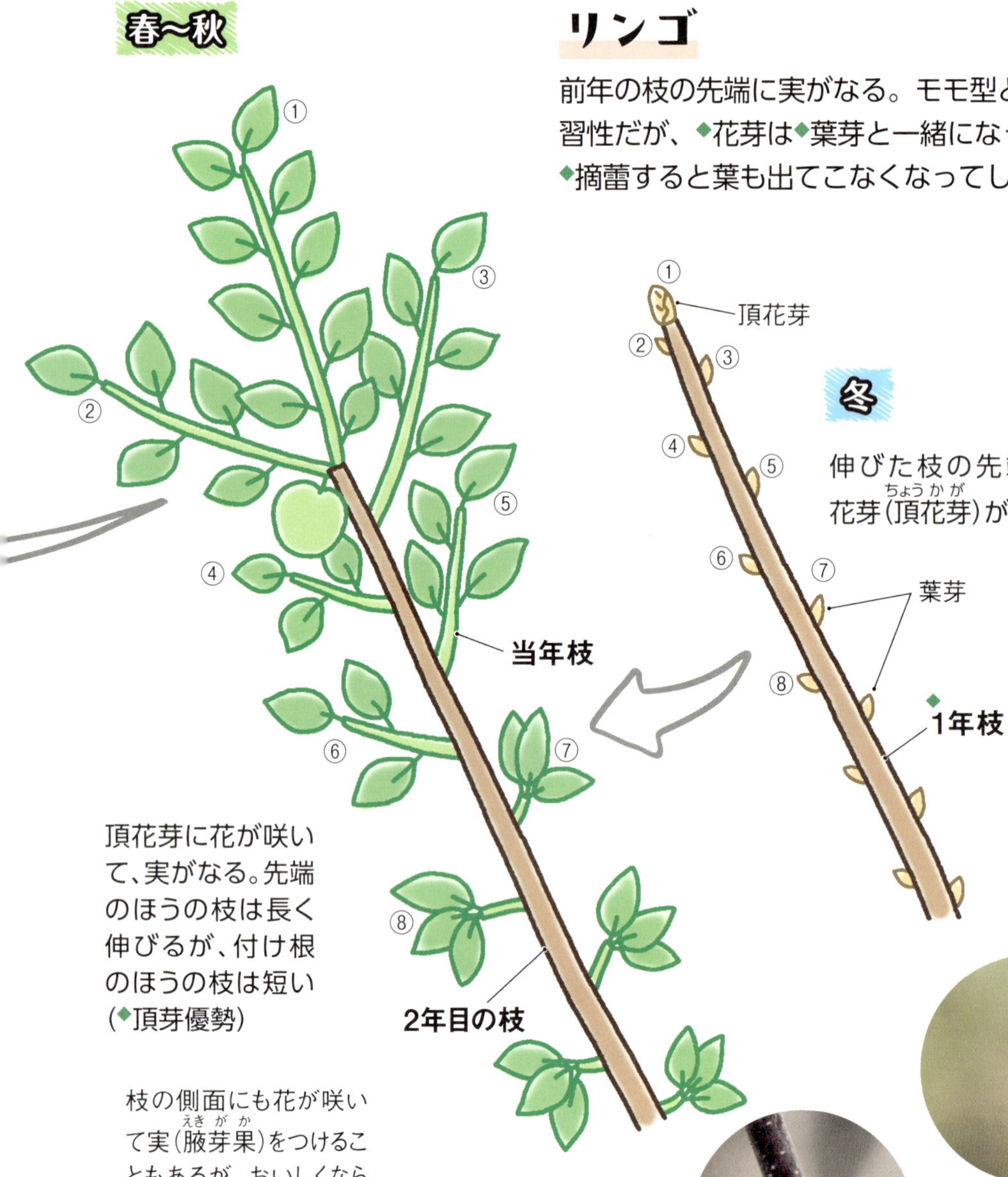

頂花芽に花が咲いて、実がなる。先端のほうの枝は長く伸びるが、付け根のほうの枝は短い（◆頂芽優勢）

枝の側面にも花が咲いて実（腋芽果《えきがか》）をつけることもあるが、おいしくならないので摘みとる

リンゴの頂花芽

リンゴの葉芽

◆マークは14ページに用語解説あり

翌春～翌秋

葉の枚数に見合った数に
摘果して、実をならせる。
短い枝においしい実がつく

翌冬

すべての枝の先端に
頂花芽がつく

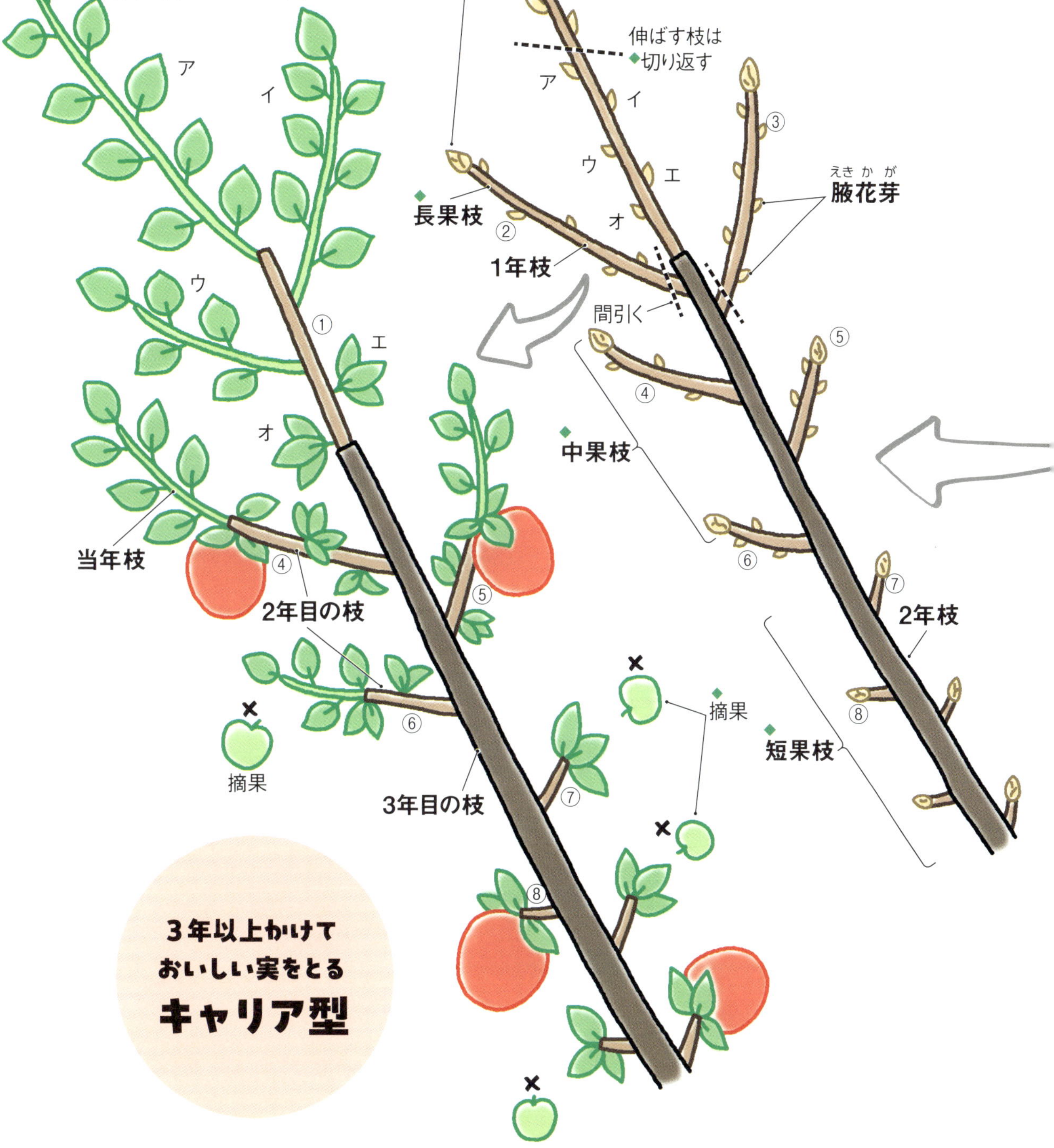

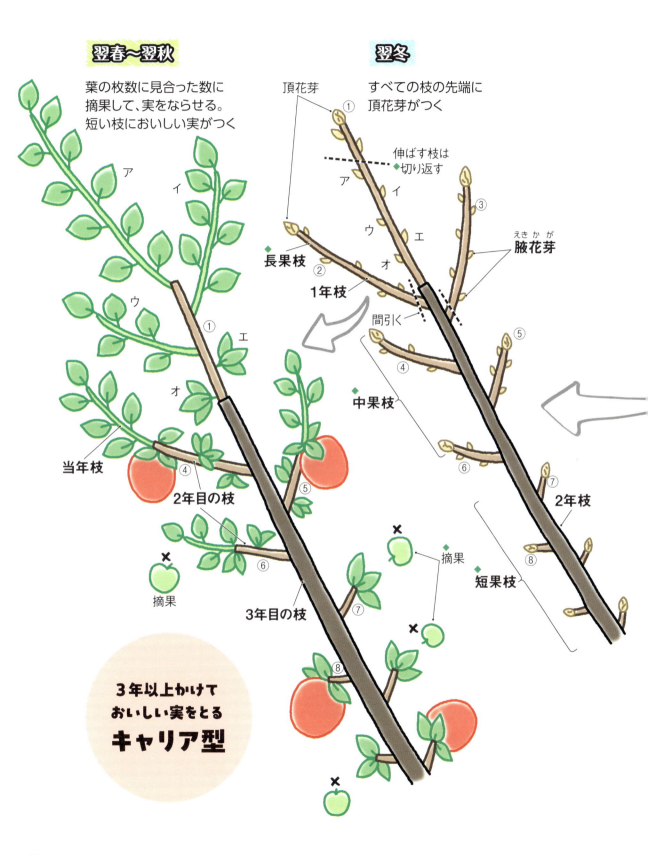

モモ型・リンゴ型の切り方

「つるちゃん的せん定の原理」では、モモ型・リンゴ型の側枝を中心に解説しましたが（p32 ～ 35）、モモ型は2～5年、リンゴ型は少し長く2～10年ほど側枝を使ってから更新していきます。ここでは中間的な生理で2～4年側枝を使うスモモの樹をモデルとします。

スモモ

1年目

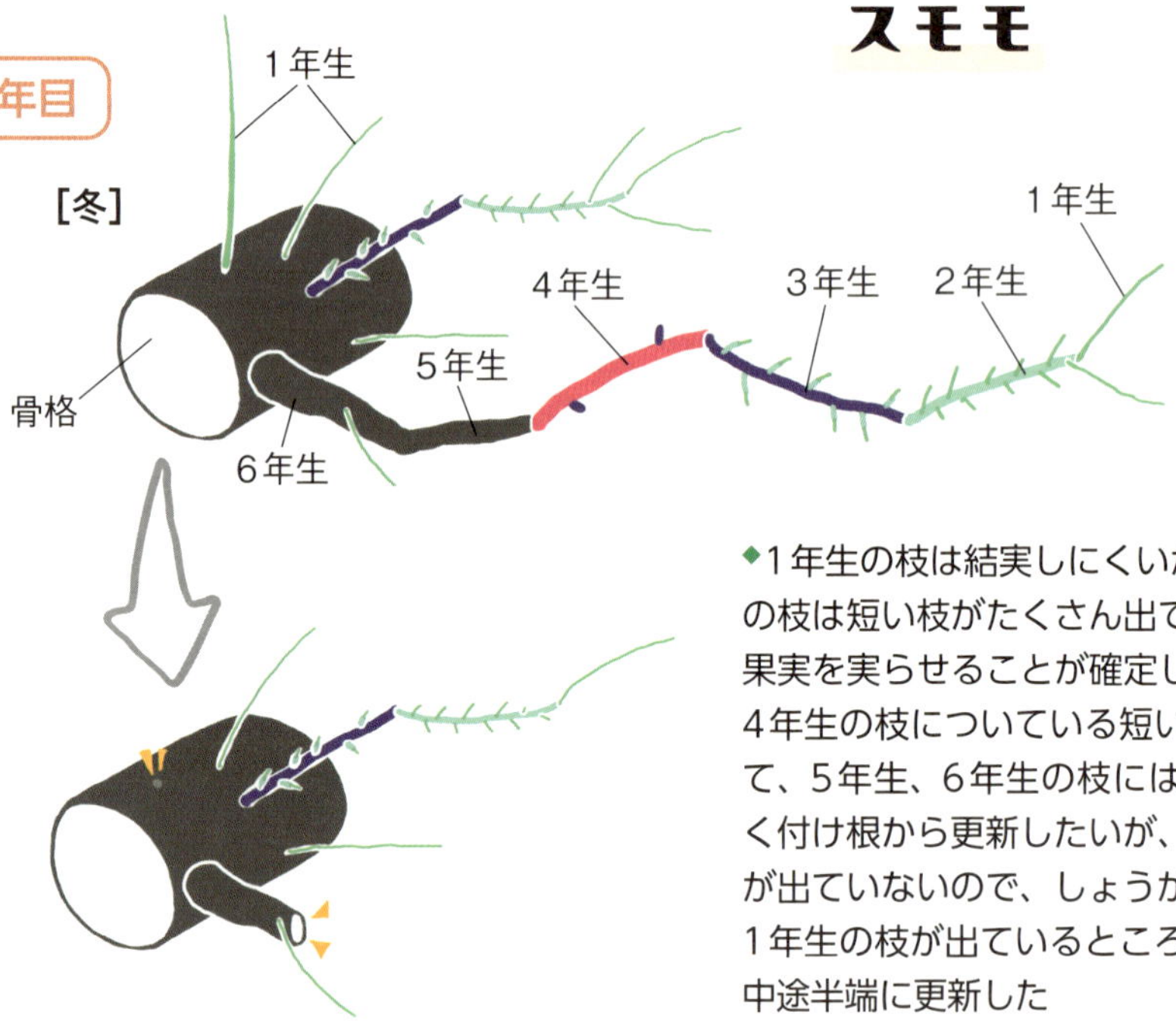

◆1年生の枝は結実しにくいが、2年生と3年生の枝は短い枝がたくさん出ていて、たくさんの果実を実らせることが確定している。しかし、4年生の枝についている短い枝はほぼ枯れていて、5年生、6年生の枝には生産性がない。早く付け根から更新したいが、付近の骨格から枝が出ていないので、しょうがなく付け根付近の1年生の枝が出ているところまで切り戻して、中途半端に更新した

2年目

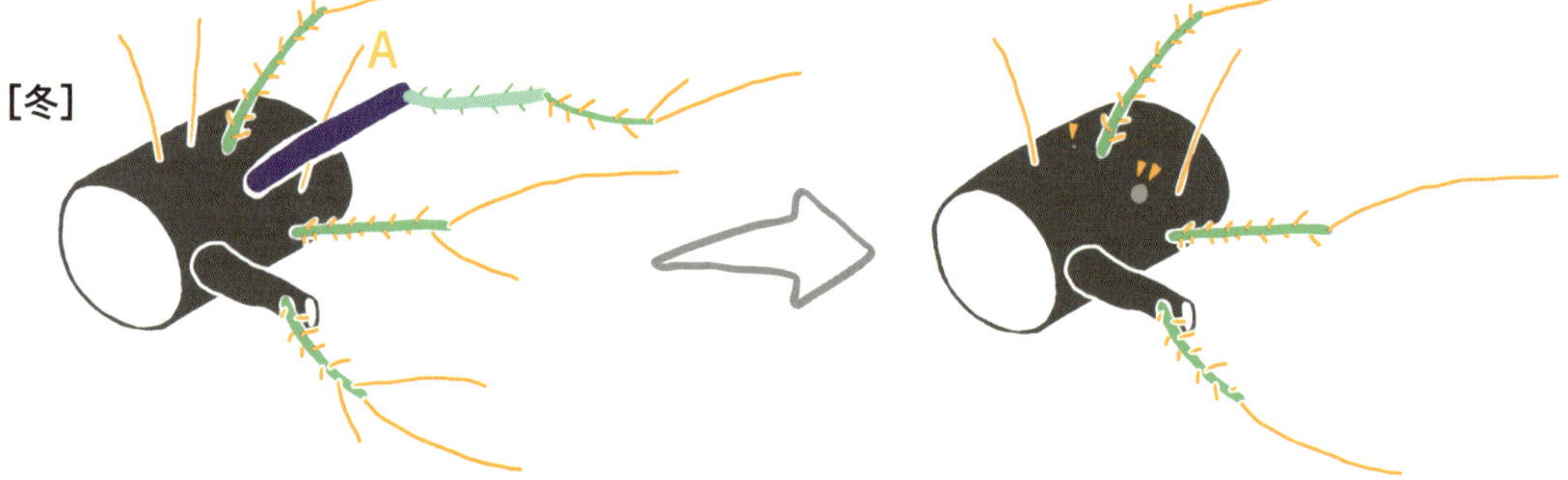

Aの1年枝がちょうどよい位置から発生したので、一番古い枝を付け根から切り落とす。側枝をきれいに更新することができた

◆マークは14ページに用語解説あり

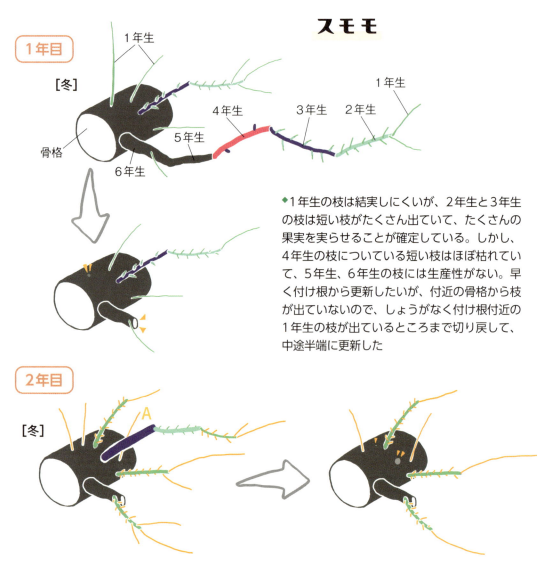

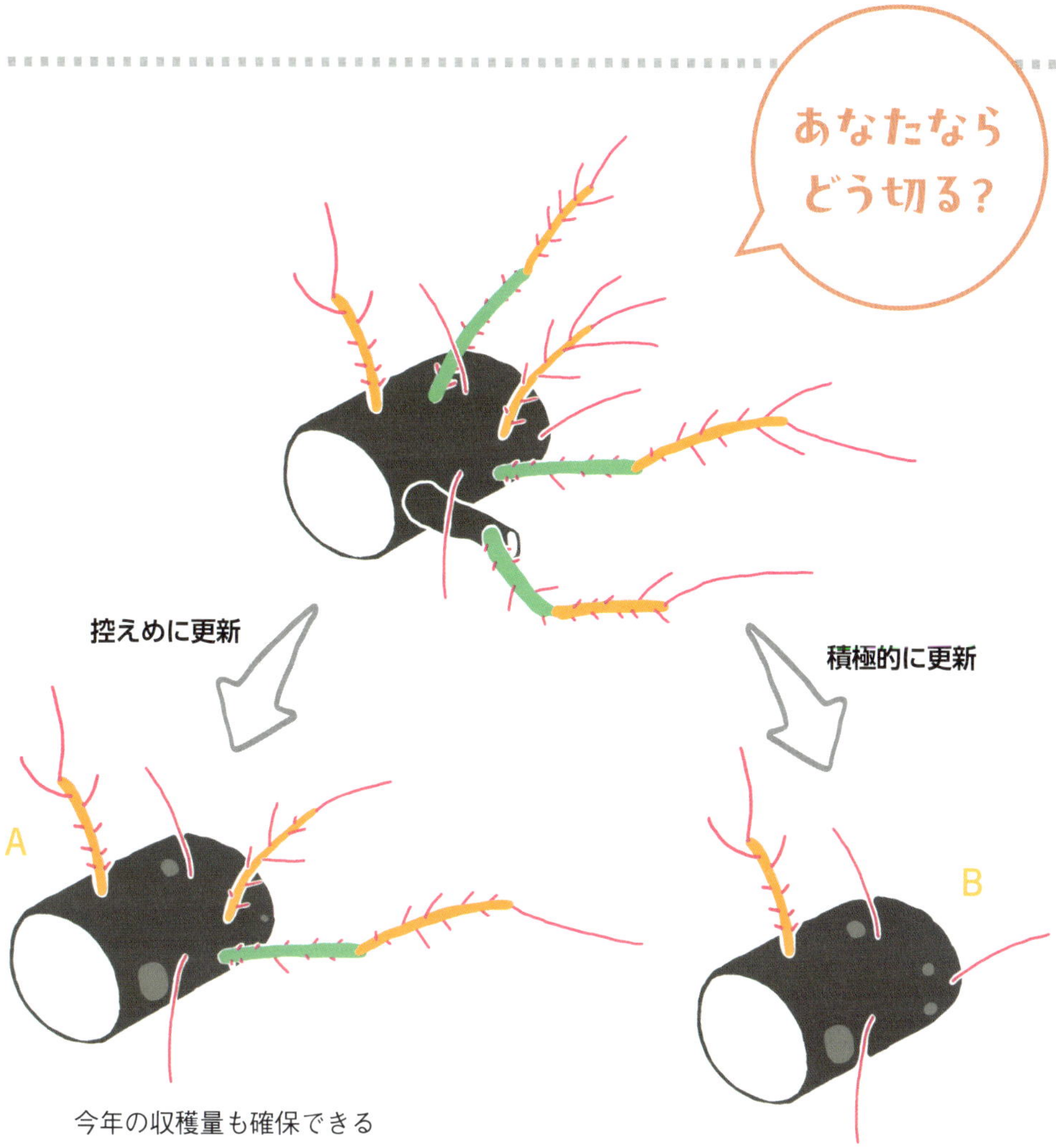

今年の収穫量も確保できる

枝が若返るが、今年の収穫量は少なくなる

せん定に絶対的な正解はない。更新したほうが長い目で見ればよいのは間違いないが、今年の果実がまったく期待できなくては何のために栽培しているかわからない。古い側枝で中途半端に切り戻していた部分はやっと完全に更新できるので切り落とすとしても、ほかにも更新できそうな枝がたくさんある。すべてを更新するとBのように今年の果実を見込める短い枝が少なくなるので、Aくらいの控えめな更新、もしくは今年はとにかくたくさん収穫したいのならいっさい更新せずにぜんぶ残すという判断もあり得る。そこは樹全体の生長具合や、夏休みにやってくる孫の喜ぶ姿を想像し、樹と対話しながら総合的に判断しよう

もうちょっと詳しく

深掘り編

その6

せん定の時期、肥料をやる時期

落葉樹は12～1月 常緑樹は2～3月

せん定の時期は、落葉樹と常緑樹で違ってきます。

落葉果樹の場合は葉っぱが散ってから、次の花が咲き始めるまでの間と見るのがわかりやすいでしょう。せん定作業の開始タイミングは葉っぱがすべて落葉してから、で問題ありません。要は養水分の流動がない時期のほうが樹へのダメージが少ないので、「葉がなくなって、蒸散がなくなる」、すなわち「養水分の流動が止まった」と思って間違いないです。

具体的には12～1月くらいの時期が多くの樹のコアせん定時期になります。この時期は休眠期と呼ばれるのですが、その理屈でいうと、次に葉が出てくる4月まではよさそうな気がしますが、地上部で花や葉が萌え出す1カ月前くらいには、地下部で根っこが活動を始めます。せん定や植え替えなどの生理に大きく影響する行為は休眠期をねらって行ないましょう。なお、厳寒期に積雪の多い地域などでは前後に大きくずれ込むものなので、多少のずれは問題ありません。

ミカンなど常緑樹の場合は、もう少し遅く、厳寒期を過ぎて2～3月頃が適しています。常緑樹は暖かい地方が原産の植物で寒さに弱いため、一番寒い時期のせん定は避けたほうがよいでしょう。とはいえ、プロ農家の場合は数も多いので落葉樹と同じくらいのかなり早いタイミングからせん定を始めます。そこまで厳密に切る時期を守る必要はありませんが、適期にやるに越したことはありません。少なくともノコギリを使用するようなせん定は、この適期を守ってやるようにしてください。

花芽分化の時期、夏季せん定と摘果の役割

果樹の種類によって花芽分化◆の時期が異なります。落葉果樹の場合、多くは7～8月の暑い時期に翌年の花芽をつくります。落葉果樹の花が春にあま

◆マークは14ページに用語解説あり

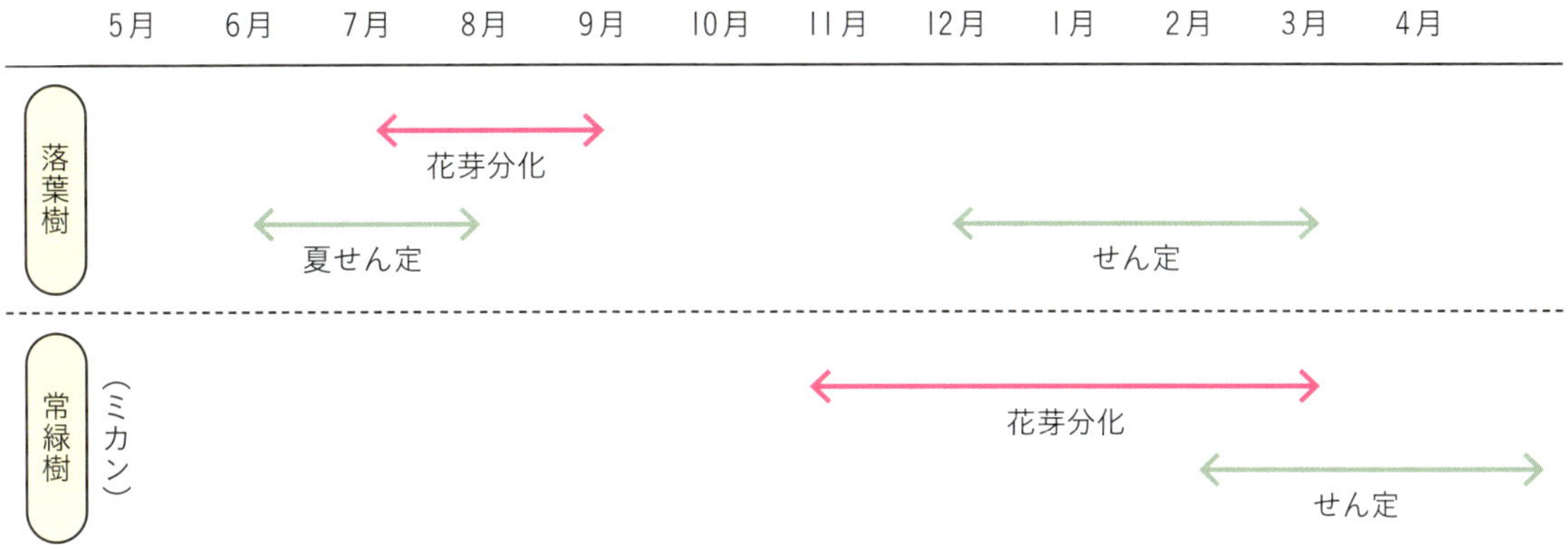

落葉果樹の花芽分化は前年夏の7〜8月になる。7月以降に収穫するカキやリンゴなどでは、果実の肥大と花芽形成が同時に起こるため、摘果をせずにたくさんならせると、花芽分化に養分が回らなくなってしまう

り咲かないと、あらあら今年は冬季の天候や管理が悪かったのかしらと思う人も多いのですが、そうではありません。ぐるっとさかのぼって前年の夏には花芽の数は決定しています。一方、ミカンなどのカンキツ類は秋〜冬にかけて花芽を分化させます。

本来のせん定時期である休眠期でなくても、この花芽分化の時期までに控えめなせん定を行なっておくことは推奨されており、花芽分化までに日当たりをよくしておくことで翌年の開花によい影響を与えます。落葉果樹の場合、夏場の6月〜7月頃に徒長枝だけ（どうせ冬に抜く枝です）を抜いて日当たりをよくしておくと、残った側枝への日当たりがよくなり、花芽の形成につながります。これを夏せん定・夏季せん定などと呼びます。

また、せん定とは違う話になりますが、この花芽分化時期を越えて7月以降に収穫される果樹の場合、そのときにまだ着生して肥大している今年の果実と、来年のためにつくられている花芽の分化が同時に起こっているということになります。つまり、この時期までに摘果をしておかなければ来年の果実が実らなくなり、隔年結果を引き起こす原因となるわけです。「来年の花芽を形成するどころじゃない、今実っている果実が多すぎて来年の花をつくる余裕はないよ！」と樹は判断するわけです。

摘果は今年の実をより大きくおいしくするためというよりも、来年の果実を確保するためにも大変重要なのだということは、この花芽分化の理屈を把握しておくと理解しやすいでしょう。

炭水化物はすべての生命のエネルギー源

本来の休眠期である冬にせん定するか、花芽分化前の夏にせん定するかによって、落葉樹の場合はとくに、切られたあとの枝の伸び方が大きく変化します。どういうことか？　ここでは、C（炭素）とN（チッソ）のバランスから考えてみましょう。

C／N比（炭素率）は樹の生長に大きな影響を与えます。これはせん定のタイミングが樹に及ぼす影響を考える際に非常に役立つ指標だと筆者は考え

C／N比（炭素率）から見たせん定や施肥の効果

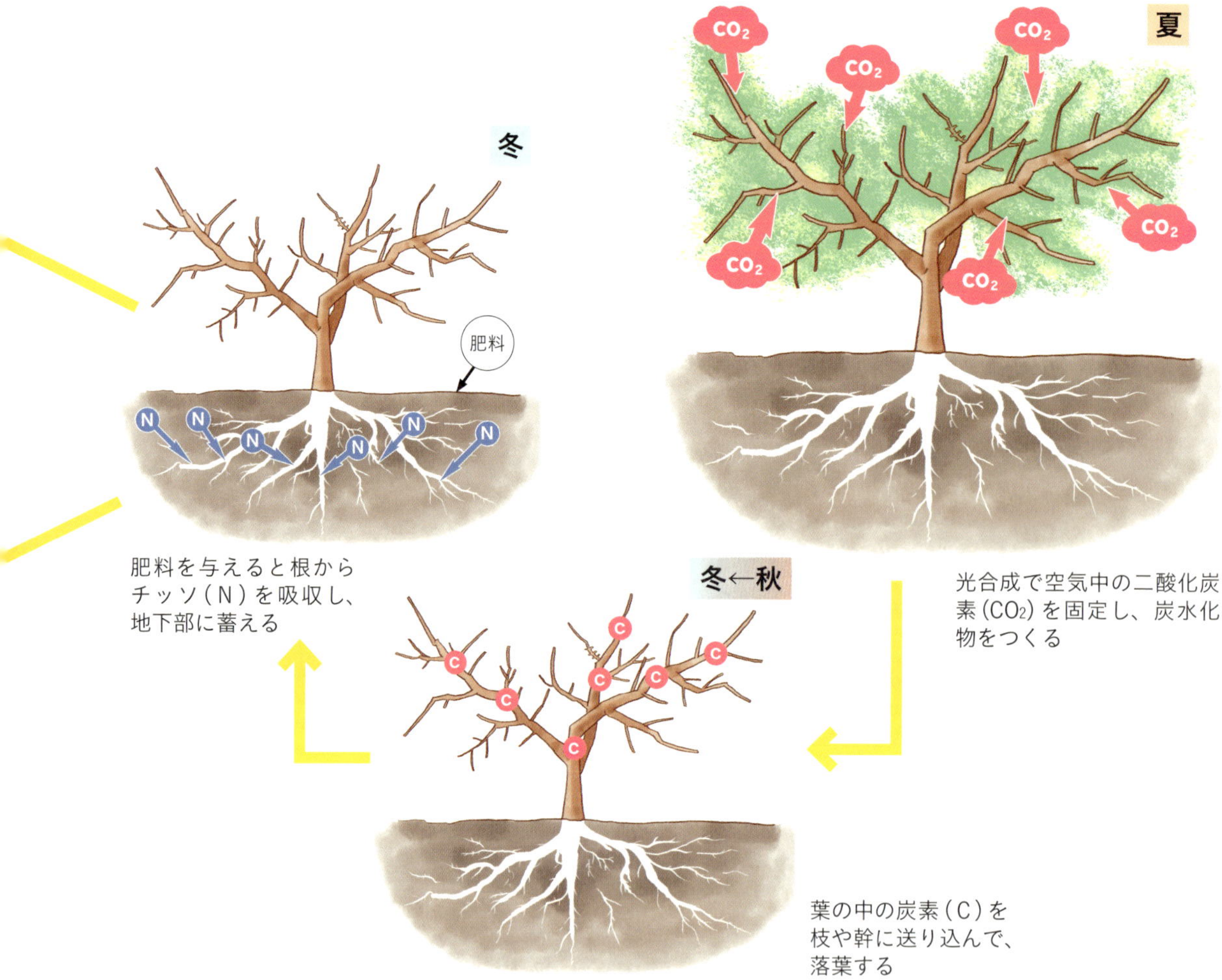

光合成で空気中の二酸化炭素（CO_2）を固定し、炭水化物をつくる

葉の中の炭素（C）を枝や幹に送り込んで、落葉する

肥料を与えると根からチッソ（N）を吸収し、地下部に蓄える

ています。

夏場、葉っぱは光合成によって空気中の二酸化炭素を吸収し、光エネルギーを使って炭素と水を合体させて炭水化物（糖）をつくり、たっぷり蓄えます。炭水化物とは、生きとし生けるすべての生命のエネルギー源そのものと考えてください。

人間は光合成できないので、植物が光合成で固めたエネルギー源である炭水化物を食べることで動くことができます。車やロボットやスマートフォンだって、すべて石炭や石油などの化石燃料（古代の生物が蓄えた炭素）で動いています。なによりそもそも植物はそのものを乾燥させて火をつければよく燃えます。図体そのものがエネルギーなのです。

ともかく、植物は太陽の光エネルギーを炭水化物に変換してガンガン体内に蓄えます。落葉果樹の場合、冬になると葉っぱの中の炭水化物を枝や幹に送り込んでしまって空っぽになってから落葉します。常緑樹の場合は落葉しないため、冬場でも葉っぱの中に炭水化物がたくさん溜まっています。

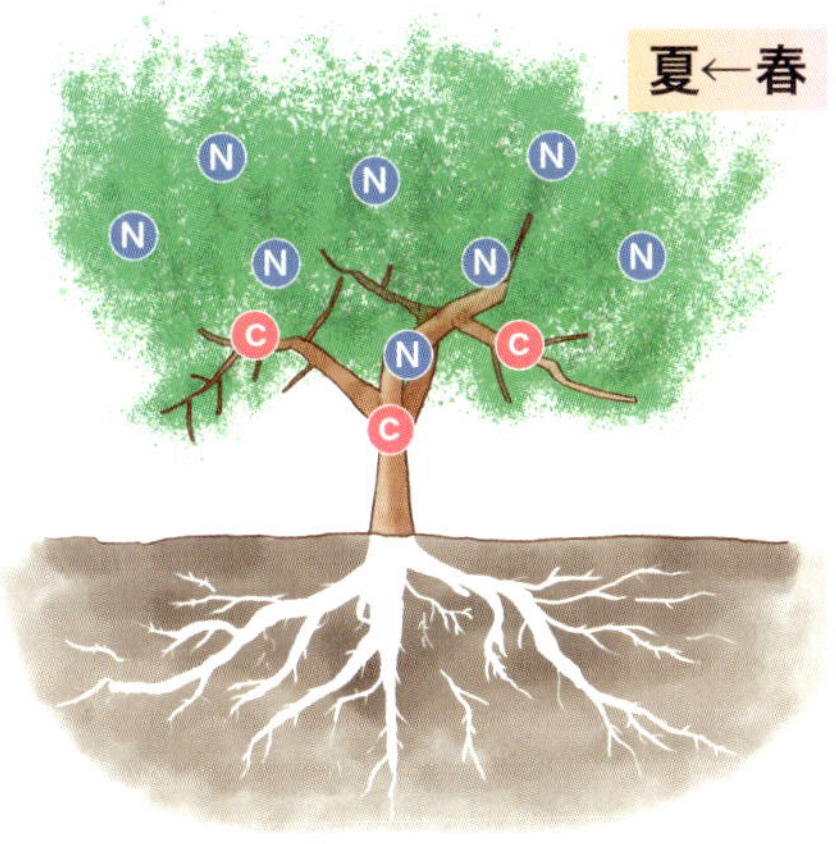

根から地上部の樹体にチッソ（N）が行き渡り、枝が勢いよく伸びる

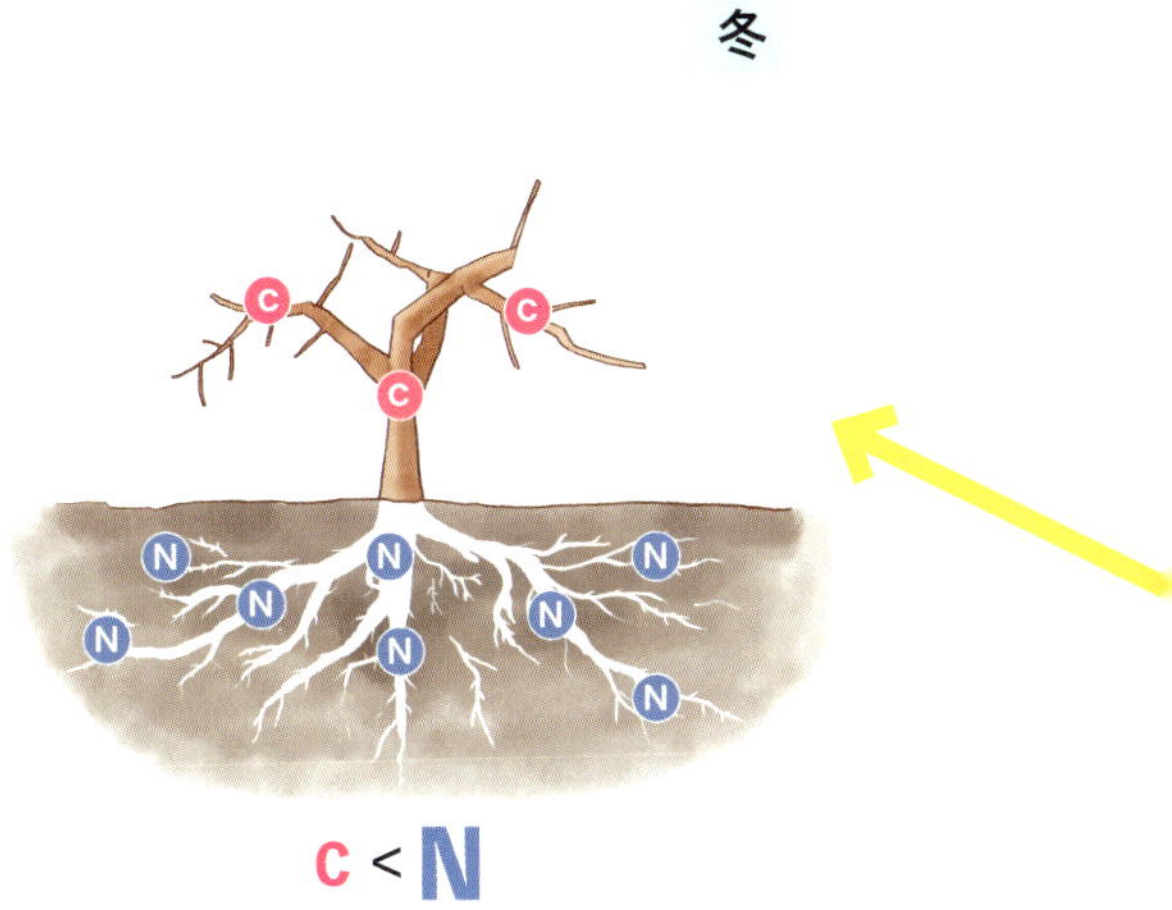

冬にせん定をすると、地上部に蓄えられた炭素（C）だけを失い、チッソ（N）の割合が相対的に多くなる

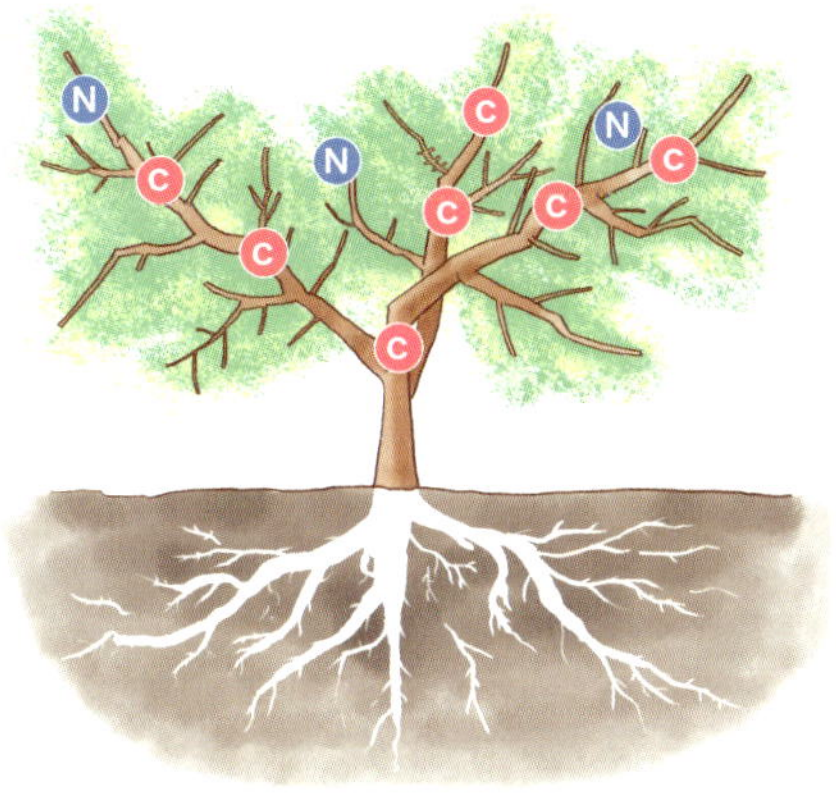

弱い枝がたくさん出て、樹が落ち着く

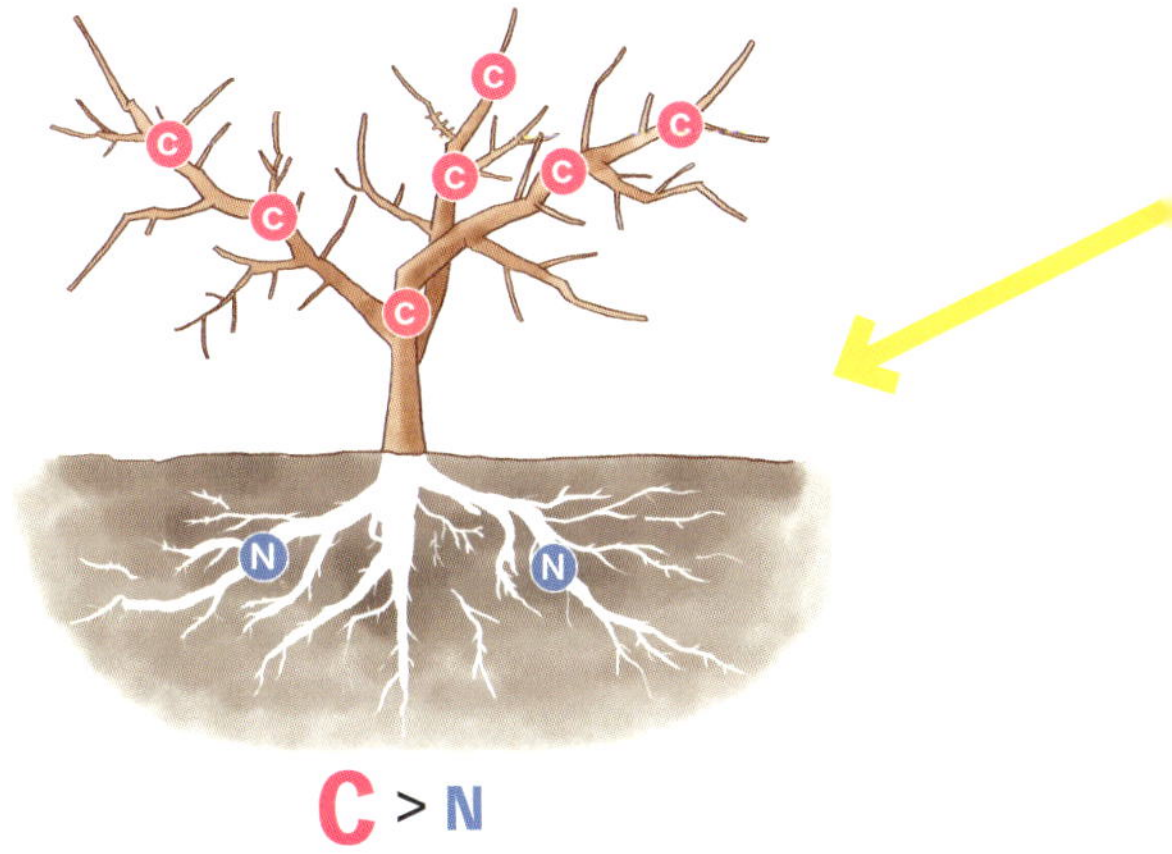

肥料をやらず、せん定もしないと、炭素（C）の割合が相対的に多くなる

多肥と強せん定は同様の効果

一方、われわれ栽培者は、冬に肥料を与えます。根からはチッソ（N）を主とする肥料分を吸収します。ただし、落葉樹の場合はこの時期地上部に葉が存在しないため、根っこから吸われたチッソ（N）は主に地下部に蓄えられています。葉の蒸散が始まると一気に地上部に昇ってくるのですが、この段階ではまだ地下で待ち構えている状態です。

その状態で冬に地上部のせん定をするということは、地上部の枝の中に蓄えられていた炭素（C）だけを切り取っていく作業となるわけです。

植物は、含有している炭素量（C）に対して多くのチッソ（N）を与えられる（C／N比が小さくなる）と、強く生長する性質があります。1年目の小さな樹体のときに30年目の成木と同量の肥料を散布するとCに対してNが多くなりすぎて強い枝、徒長枝ばかりが吹き出してきます。逆に肥料（N）をまったく与えずに栽培すると、弱い枝しか発生しなくなります。

「肥料をたくさん与えれば強く育つ」「適切な量は炭素量（≒図体の大きさ）にも比例する」という当たり前の話なのですが、これは「肥料をたくさん与えること（多肥）」と、「枝を小さく切◆り詰めること（強せん定）」には同様の効果があると表現することもできるのです。

冬に切ると強くなる 夏に切ると弱くなる

春に気温が上がると、一気に根から地上部の樹体内にチッソ（N）が行き渡ります。このときに枝（C）がたくさん切り詰められていると、どうしても相対的にチッソ（N）の割合が高くなります。C／N比が低くなることにより、枝の生長が活発になります。

逆に夏にせん定すると炭素もチッソも同時に切り取られて減るうえ、今現在炭素を固定している最中の葉も減らしているので樹の生長は弱く落ち着きます。つまり、「冬に切ると強くなる」「夏に切ると弱くなる」ということです。

せん定の時期や切る量を工夫することは、CとNバランスをコントロールすることなのです。なお、これがために、つねに葉がついている常緑樹は時期に関係なく、いつ切っても弱くなるし、突然バッサリと大量に切り落とすと急激に弱り、ひどい場合には枯れてしまいます。常緑樹を切るときの目安は全体の2割までとしておきましょう。

その7 実がならない、樹が暴れる、樹を小さく仕立てたい

栄養生長と生殖生長

この章のタイトルは、庭先果樹の相談件数上位3位に入るといっても過言ではないでしょう。切実な問題として誰かに聞きたくなるのでしょうが、これらはほぼすべて植物生理の重要な概念である「栄養生長」と「生殖生長」という二つの言葉の意味を理解することでおのずと解決する問題です。

・栄養生長……植物体が大きく成長しようとする力。

◆マークは14ページに用語解説あり

・生殖生長……子孫を残そうとする力。

そう認識してもらうとわかりやすいと思います。すべての植物は、この二つの生長のバランスを絶妙にかたよらせることによって生きています。

栄養生長とは、植物体が大きくなろうとする力。葉を茂らせ、枝が伸びていく力です。これはわれわれが「成長」と聞いてイメージできるわかりやすい生長ですね。前章でも述べた、肥料をたくさん与えると枝が強く伸びるという現象。これはまさに「栄養生長にかたよった状態」と表現されます。

ほかにも水がたくさん与えられても、また温度が上がるだけでもこの栄養生長に傾きやすくなります。暖かくて水や肥料がたくさん与えられればたくさん生長するというのは直感的に理解しやすいです。

クリの幼木。枝葉をどんどん伸ばして体を大きくする栄養生長期（5月末撮影）

「成長」と「生長」の違い

一方、生殖生長は子孫を残そうとする力。つまり弱い枝が出て、花を咲かせ、果実を肥らせ甘くしていく生長です。これを「成長」と聞くとイメージしづらいかもしれません。なので筆者は「成長」と「生長」を極力分けて考えています。

辞書的にはこれは同義であるとされていますが、子どもの「成長」、経済の「成長」というものは、大きく育ち、よい方向に向かい続けるものであるのに対して、植物の「生長」とは世代を超えて延々と巡り続ける循環を表わした言葉であると思うのです。1990年に文部省学術用語集にて動物学編・植物学編ともに「成長」の表記に統一されているのですが、古い文献や論文では植物は「生長」と表現されており、筆者の愛する巡る循環を表現する生長は淘汰されつつあります。

余談がすぎましたが、ともかく栄養生長（大きくなる力）と生殖生長（子孫を残す力）の両方が一つの植物体内でせめぎ合っており、どちらかに大きくかたよると一方の生長を失っていくということが重要です。

「桃栗三年柿八年」の意味

栄養生長と生殖生長の適切なバランスは樹種や品種によって違ってくるのですが、すべての樹に共通した話として、「桃栗三年柿八年」のことわざはみなさんご存知でしょう。

モモやクリは果実が実るまでに3年、カキは8年ほどかかるといわれるものですが、これは、モモやクリでは3年間は栄養生長にかたよっていることを表現したことわざです。つまり枝や葉をどんどん伸ばして体を大きくしていく時期だということです。むしろこの時期に肥料が足りなかったり乾燥しすぎていたり、果実を実らせたりすると、栄養生長から生殖生長にバランスが傾いてしまい、樹が大きくならなくなるということでもあります。

逆に老木で枯れかけているような樹で、徒長枝◆もいっさい発生せず弱い枝しか出ないのに花は溢れんばかりに毎年咲いている樹もよく見かけるでしょう。公園の桜の木などはそういう状態であることが多いですが、これらは大きく生殖生長にバランスが傾いている状態だといえます。

生育が途中で切り替わる植物

キク科やアブラナ科の植物のように、栄養生長と生殖生長がパチンと切り替わるタイプの植物であれば大変わかりやすいです。例えばキク科のヒマワリは最初は栄養生長をして茎がぐんぐん伸びていきますが、パチンとスイッチが生殖生長に切り替わると、先端に花をつけ茎の生長は止まり、タネをつくったら枯れてしまいます。

哺乳類の人間でも例えることができます。小さな頃はどんどん体が成長していき、10代中盤くらいに成長がストップすると同時に異性が気になるようになり、恋愛をして子どもを産むようになります。現代では社会的要因から出産も遅れ、医療の発展でその後の人生も長くはなっていますが、生物としては似たようなものですね。

せん定や肥料で生育バランスを整える

しかし、1本の樹から時間をかけて何個もの果実を収穫するタイプの植物を育てる場合（果樹はすべてそう）、栄養生長と生殖生長を同時に長期間行ない続ける必要があり、われわれ栽培者がやるべきことは、この栄養生長と生殖生長のバランスをうまくとれるようにサポートすることです。どちらに傾いても不具合があります。

例えば先述した、枝は伸びないが花は咲き乱れる老木（生殖生長に傾いた樹）は、花はたくさん咲くのですが、葉も少なく肥料成分も少ないため果実がぜんぜん大きくならなかったりおいしくならなかったりします。この樹を強せん定◆して地上部を切り詰めたり、肥料を施用したりすると、これまで出ていなかった強い枝が発生するようになるでしょう。

桜の老木。徒長枝は発生せず、弱い枝しか出ないが、毎年よく花が咲く

◆マークは14ページに用語解説あり

一方、元気いっぱいに徒長枝がビュンビュン立ち上がって栄養生長にかたよった樹の場合、そもそも花があまり咲かないし、咲いても受粉しなかったり、受粉して結実したように見えてもポロポロ落ちてしまったりすることが多くなります。そういった場合は、弱せん定でできるだけ地上部の樹を切らず、肥料も控えておくことで生殖生長に傾いて子孫を残す能力の高い、弱い枝が発生するようになるでしょう。

「切り返し」と「間引き」の違い

このように全体のせん定量での調整もちろんですが、局所的な一本いっぽんの枝についても同様のことがいえます。

栄養生長に傾いている順番でいうと徒長枝、長い枝、短い枝です。明らかに栄養生長にかたよっている枝、つまり徒長枝を短く切り詰めると、左の写真のように長大な徒長枝が何倍にもなって立ち上がります。この状態のことを、枝（樹）が暴れていると表現するのですが、これを防ぐためにも徒長枝は原則として根元からきれいに切り落とします。

これまでにせん定の本やインターネット記事を読んだことのあるみなさんは「切り返しせん定」や「間引きせん定」という言葉を聞いたことがあるでしょうか？　筆者は初心者の頃、この意味がまったく理解できませんでした。要は枝を途中で切る、短く切り詰めることを「切り返し」、根元から切って取り除くことを「間引き」と表現しているわけです。枝を途中で切り

強く先端を切り詰めたために、先端の枝が暴れてしまった樹（ウメ）

枝の先端を切り詰める

前年の先端の切り詰め（矢印の位置）が強すぎて暴れてしまったウメの枝。ほどよい位置で切り詰めれば、p34の写真のように、短い枝がたくさん出る

切り詰め（切り返し）のポイント

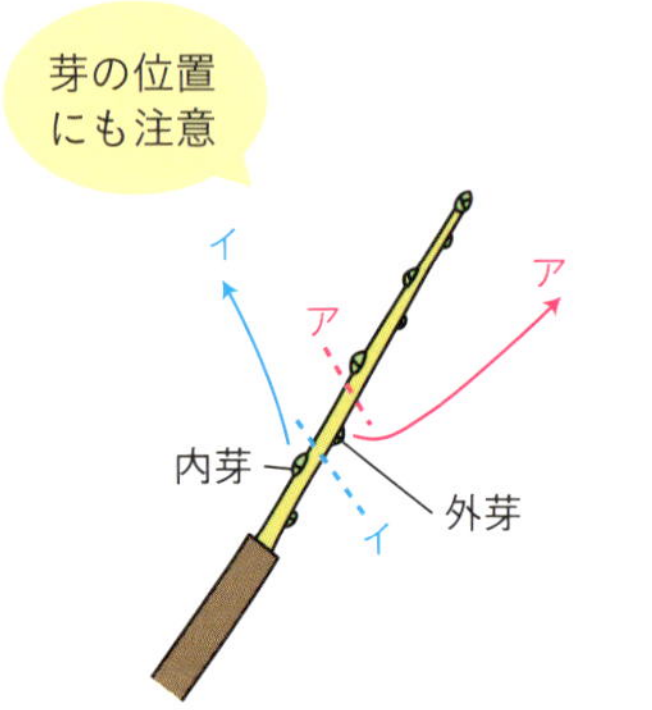

切る位置によって、先端の芽の伸びる方向が変わる。樹を外側に拡大したいときはアの位置で切る

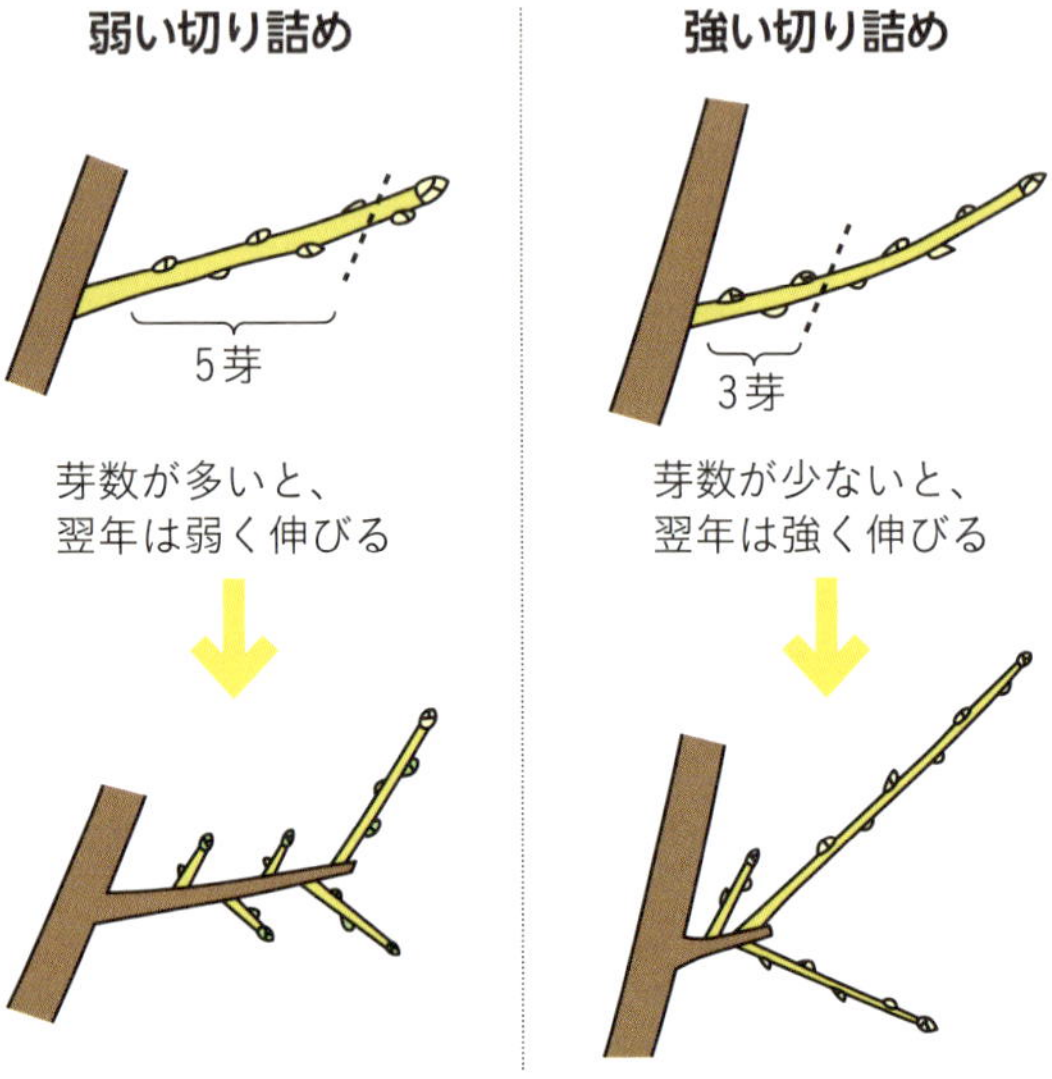

◆マークは14ページに用語解説あり

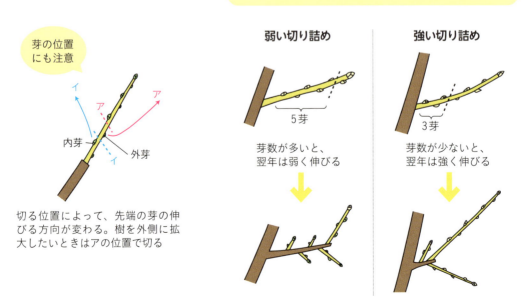

詰めると栄養生長に傾きやすい。根元から完全に抜いてしまえば栄養生長に傾きにくいということになります。初心者のうちは間引きせん定だけに留めておいたほうが、実がならなくなる心配がありません。

「先端を切り詰める」とは？

とくに長い枝が発生してほしい場所、主枝や亜主枝の先端は確実にですが、さらに伸長させたい側枝の場合でも、その先端を切り詰めます。切り詰めれば切り詰めるほど栄養生長に傾き強い枝が発生します（※ただし先端にのみ花芽をもつカキ型果樹の場合は注意が必要、p40も参照）。

枝の生長が弱いな、生殖生長に傾きすぎているなと思ったら、枝を切り詰めることであなたは樹に対して「もっと強い枝を出しなさい」と指示していることになります。弱くせん定する（先端だけをちょこっと切り詰める）と控えめに、強くせん定する（枝の1／3や1／2くらいで切る）と強烈に栄養生長へ向かうようにと指示を出していることになります（右ページ図）。

もともとの特性として樹勢の弱い品種ではできるだけ切り詰めて栄養生長を促します。

樹勢の強い樹であれば、生殖生長を促すために、できるだけ切らない、切ったとしても途中切りするのではなく根元から間引いてしまいましょう。

枝の角度でコントロール

ミカン型果樹やカキ型果樹の場合は先端に果実が実るため、徐々に枝先が下に垂れやすくなります。このように枝の角度が変わるだけでも大きく栄養生長と生殖生長のバランスが変化します。上を向ければ向天性の原理にしたがい養水分が集中して栄養生長に傾き、下を向くほど生殖生長に傾きます。

では、真上に強く伸びている徒長枝を、ヒモで引っ張って角度を下げておくとどうなるでしょう？　これは栄養生長が弱くなるため生殖生長にかたより、花や果実をたくさんならせるようになります。

そうです。徒長枝だって、角度を下

元の枝の角度と新しい枝の出方

枝が下を向いていると、生殖生長に傾いて花や果実をたくさんならせる（カキ型果樹での模式図）

枝が上を向いていると、栄養生長に傾いて新しい枝が勢いよく出る

強せん定するとどうなる？

目に見えない地下部では、地上部と同じくらいの根っこが張っている

2月になると地下部では養水分を吸って根が張り出す

強せん定すると、根の量に対して地上部の量が減ってしまう

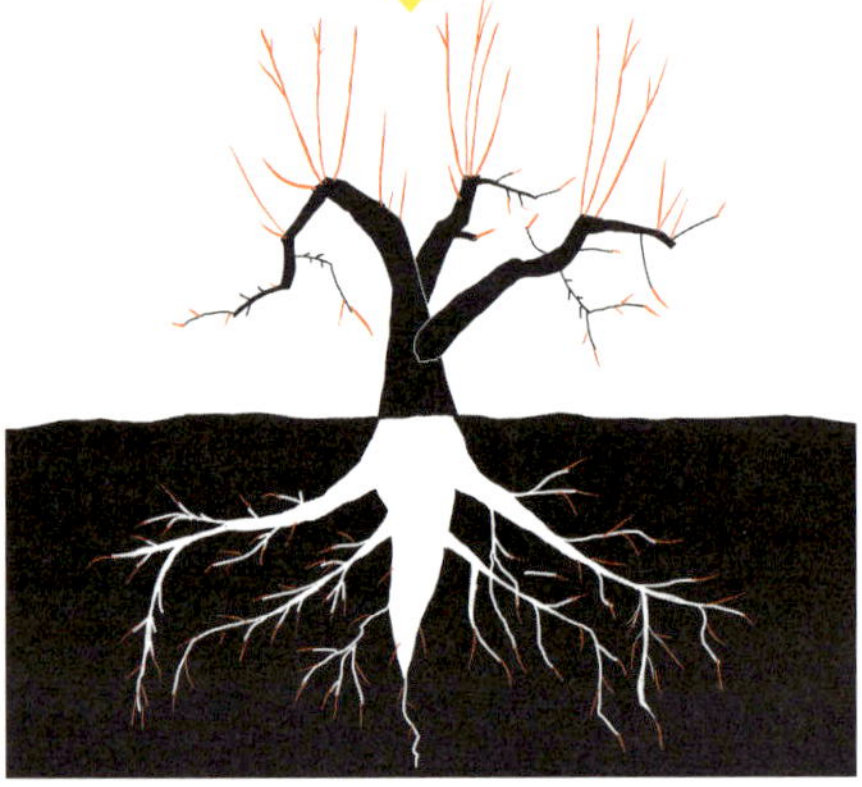

地下部とのバランスをとろうとして、強い枝が勢いよく芽吹く

げれば使えるわけです。慣れている人は、せん定のときは必ずヒモも用意します。せん定の目的を、樹体内の養水分の流れをコントロールすることだと仮定すると、その手段の一つとしてノコギリやハサミで枝を切ることもできますし、切らずにヒモで引っ張って角度を変化させることで目的を達成することも可能なのです（p83）。

T／R比率、地下部の問題

栄養生長と生殖生長のバランスをとることが大変重要であることはなんとなく理解できたかと思いますが、これはせん定だけで完全に解決できることではありません。

温度が上がったり雨が降ったりするだけでも栄養生長に傾くといっていたように、外部環境で勝手にバランスが変化するものですし、なにより人間の目には見えていない地下部の影響がとても大きいのです。

T／R比率という考え方があります。これは、根っこ（Root）の量に対して地上部（Top）の量が多いか少ないかを表わす比率になり、基本的に

◆マークは14ページに用語解説あり

太い根を切って根域制限

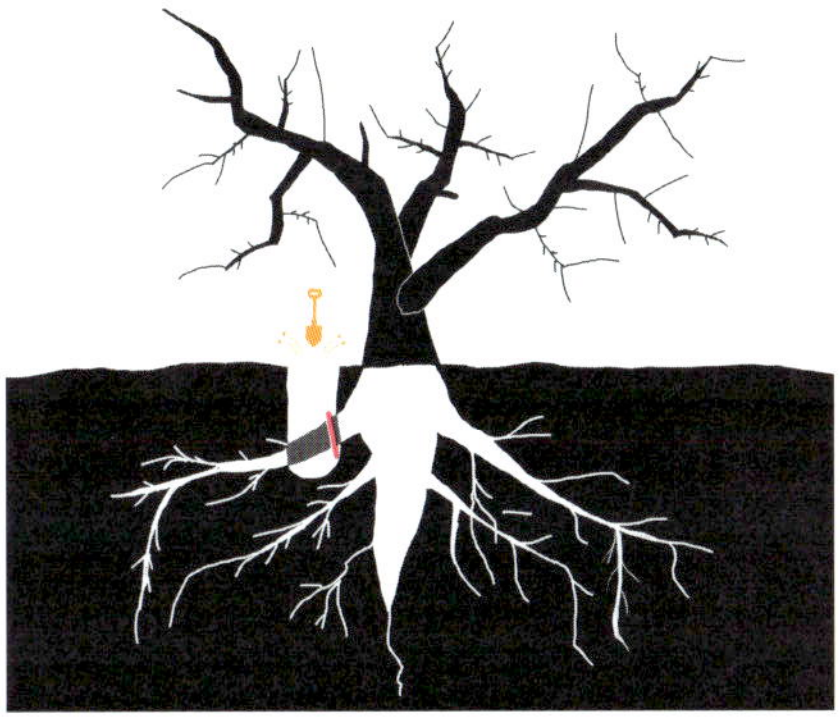

大変な作業だが、地面を掘って太い根をノコギリで切断したうえで、地上部も強くせん定する

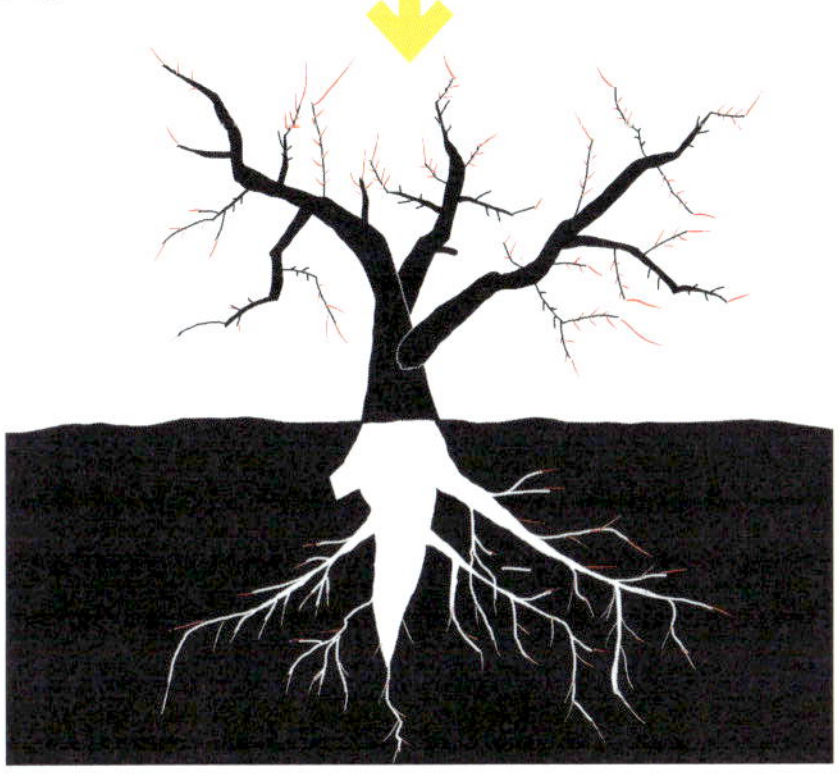

枝や幹に◆貯蔵養分を蓄えているので、切ったその年は効果が見えないが、2～3年すると地上部の生育も落ち着き、弱い枝が出る

防根シートで根域制限

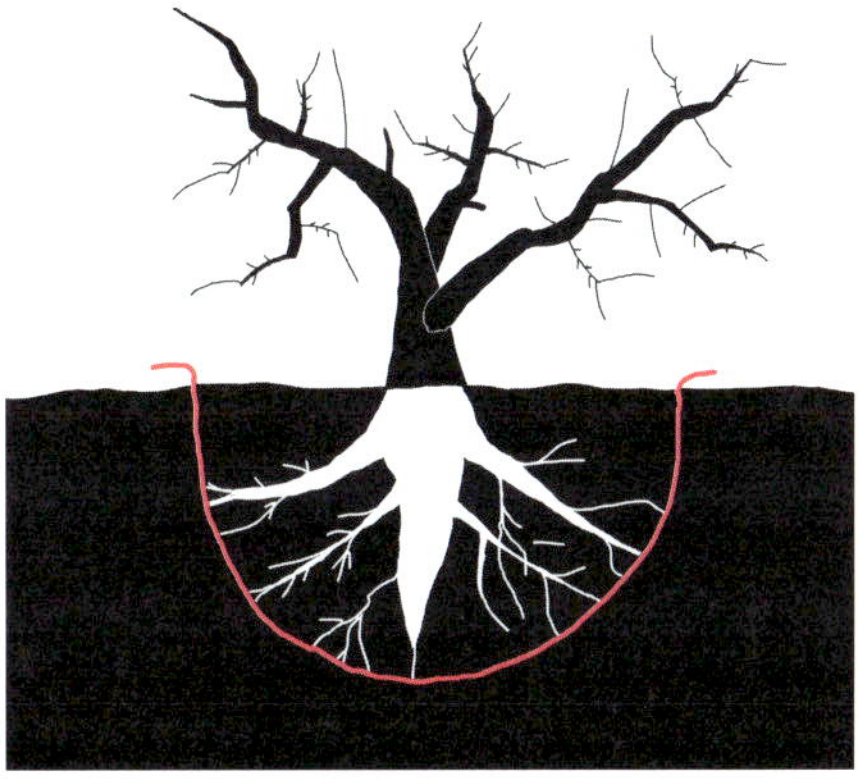

防根シートを張って根張りを制限する

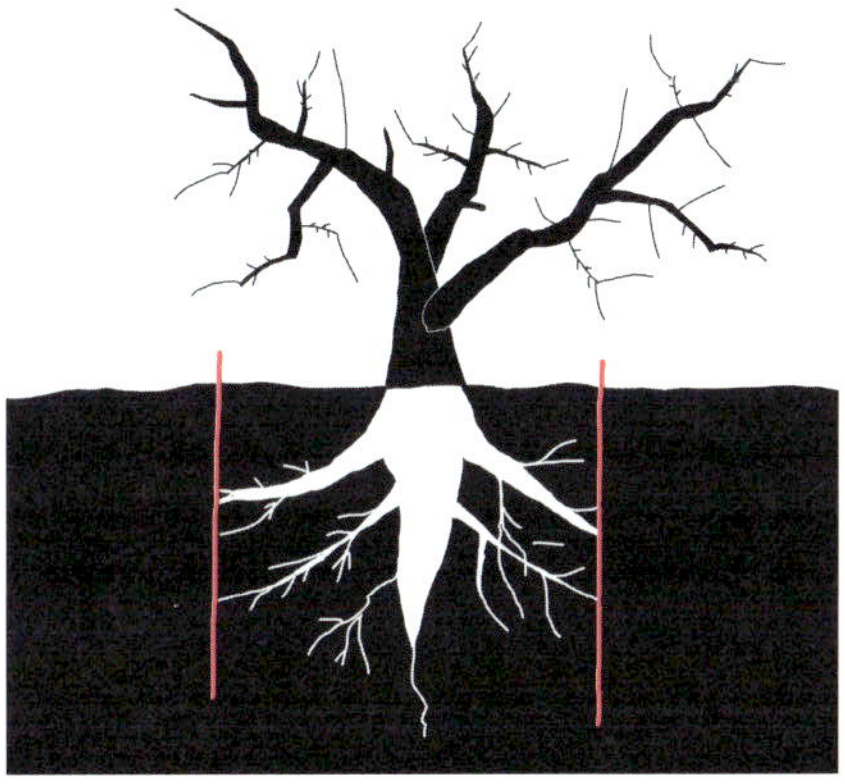

横だけ制限することもできる

はこの数値が低ければ低いほど（つまり地上部に対して根っこが多いほど）栄養生長にかたよりがちだということです。

例えば果樹でも野菜でもイネでも、苗を購入するときに根っこがしっかり張っているかを確認する人は多いと思いますが、それは初期生育のよさが根っこの量に比例してよくなることをみんなが知っているためです。一方、地上部は長く伸びていても根っこの量が少ない（T／R比率が高い）苗は植え付けても生長はよろしくありません。

根域制限で樹を落ち着かせる

根っこの量と地上部の大きさには非常に強い相関があります。もしもあなたがどうしても庭木を低く抑えたいと思って地上部の樹を半分の高さに切り揃えたとします。しかし、根っこはほとんど以前のままなので同じ分の養水分を吸収して、翌年は徒長枝が大量に吹き出して暴れるでしょう。栄養生長に傾きすぎてしばらく実はならなくなるかもしれません。

たしかに庭のスペースは限られた狭

環状剥皮した場所の下から新しい枝が出てきたので、それを育成し、低い位置で実がなるように改良している

環状剥皮で根っこを弱めながら樹を低く

背の高い富有柿の樹を環状剥皮して根を弱めつつ、幹を途中で切って背丈を低くした

いスペースなのですが、植えられている地球（地下）は大変広いため、小さく仕立てることが難しいのです。

　ではどうすればいいのかというと、このT／R比のT（地上部）だけでなくR（地下部）も制限すればよいのです。

　もっともわかりやすい状態は鉢植えの樹です。鉢の中という制限された根域では、地上部も大きくなりようがなく、樹が小さいまま生長を続けます。農家でも背が高くなる樹をハウス内で栽培するときなどは根域制限といって、コンテナの中で育てたり、土の中に防根シートを埋めておいて根がそれ以上伸びないように栽培することがあります。

　そちらのほうが栄養生長に傾きづらいので着果が安定し糖度が上がる傾向にあります。

環状剥皮でT／R比率を調整

　もうすでに植えられている樹にしても、地上部をバッサリ切る時は、地下部の根っこもバッサリ切ることで樹が落ち着きます（効果が出るのは根を

◆マークは14ページに用語解説あり

畦シートを土中30cmほど埋めて、野菜ゾーンから果樹ゾーンへの肥料の流出を防ぐ

切って数年後）。

また、簡易な方法として環状剥皮というやり方もあります。これは主に果実の糖度を上げたり着色をよくするために行なわれるのですが、枝や幹に切れ目を入れて、一時的に養水分の流れを止めてやる行為です。環状剥皮によって篩管がなくなり導管が残るので、根から水分とチッソ（N）は移行しますが、葉の光合成でつくられた炭水化物（C）が枝葉にとどまります。

樹種によっても違いますが、満開後40日くらいに行なうと、その年の果実の肥大を促進します。それだけでなく、地上部の葉でつくった養分が根に回らなくなるため、T／R比が高くなり、生殖生長に傾いていきます。ナイフで5㎜程度の切れ目を入れておき、ガムテープやビニールテープを巻いて保護しておけば、徐々にカルスが形成されてつながっていきます。

家庭菜園に果樹を植える際の注意

また、相談されていてよくあるのが、その樹のそばで家庭菜園をしている場合です。例えばカキの樹のすぐ近くで夏野菜を栽培している場合、ちょうど6月頃にトマトでもナスでもキュウリでも肥料をどんどん追肥します。その肥料をカキの樹が吸っていて栄養生長に傾き、なっていた果実も全部ボトボトと落果してしまうパターンです。

「ウチの実がぜんぶ落ちるんです」と相談された場合、「植え付けて今何年目ですか？」と「近くで家庭菜園してませんか？」の確認で問題解決することがとても多いのです。植え付けてまだ3～5年であれば、まだまだ栄養生長が強いことが多いですし、近くでどんどん肥料を与えていれば当然栄養生長に傾きます。家庭菜園に果樹を植える場合は、上の写真のように、畦シートなどを埋めて仕切り、野菜ゾーンと果樹ゾーンに分けることをおすすめします。

これらはすべて逆の状態についてもいえます。樹の生長が悪い場合、その原因の9割は地下部にあります。周りを掘って堆肥をたくさん入れて、土の環境を改善して新しい根が張らなければ、なにをやっても生長は強くなりません。

その8

知っておきたい三つの植物ホルモン

生長の変化を引き起こす

さらなるせん定の高みを目指したいという方に向けて、◆植物ホルモンに関する入門的な内容も紹介したいと思います。

ホルモンとは何でしょうか？　動物でもそうですが、ホルモンというものは体内の調整をするために生物が体内で分泌している化学物質です。人間の気分や体調がホルモンバランスによって変化することや、成長ホルモンによって子どもが育つこともよく知られていることですよね。植物でも同様の植物ホルモンというさまざまな分子が体内の多様な働きの調整役を担っています。

「◆徒長枝は上に立ち上がっており、養水分が多く流れ込んで、栄養生長にかたよっている」という現象はこれまでに何度も説明した通りですが、植物ホルモンの視点に立ってこの現象を捉えてみると、「ジベレリンという植物ホルモンが活性化している」と端的に表現できます。多くの植物における生長の変化は、結果として植物ホルモンが引き起こしているともいえるのです。

しかしこれをもって、植物ホルモンだけに注目しておけば肥料も光合成も気にしなくていい！と植物ホルモンのことを万能なものであるように過信することに対しては、筆者は慎重派の立場です。

これは人間の子どもがご飯をたくさん食べて成長しているのは「成長ホルモンが活性化しているから」と表現できるのと同義だからです。たいして栄養をとれていない石器時代の子どもでもホルモンの作用によって現代人と同じ期間成長はしますが、そのときの栄養状況の差で身長や骨の密度などが大きく変化します。

このホルモンの働きについては、とくに詳しく説明されなくても、農家であれば毎年何百本の樹を管理しているなかで体得して活用できている例も多いのですが、庭先果樹の場合はそこまでの経験を積む機会もありませんの

◆マークは14ページに用語解説あり

で、お勉強と思って読んでみてください。

オーキシンは重力検知ホルモン

植物ホルモンと一口でいっても、多種多様な物質があるため、ここでは、これだけ理解するとせん定がより奥深く楽しくなる！という主要な三つのホルモンについて見ていきましょう。

主な植物ホルモンの生理機能

オーキシン	発根促進、維管束形成、頂芽優勢、側芽生長阻害、花芽形成抑制、光や重力に対する屈性、カルス形成誘導、落果防止、老化抑制、器官（葉、花、不定根）形成
サイトカイニン	側芽や不定根の形成と生長促進、花芽形成、細胞増殖促進、細胞分裂調節、老化抑制、気孔の開放、種子の発達
ジベレリン	伸長促進、発芽促進、花芽形成抑制、休眠打破、単為結果誘導、子房肥大

代表的な植物ホルモンは五つあり、生長促進型と生長抑制型に分けられる。このうち、せん定のときに意識することが多いのは生長促進型の三つ

まず一つはオーキシン。オーキシンとは重力検知ホルモンです。無重力状態の宇宙空間で植物を育てると、根が茎のように上に伸びたり、茎が下向きに伸びたり、不思議な生長を見せます。これはオーキシンが重力を探知できないために起こる現象です。

向天性の原理で重力と反対方向、つまり天に向かって枝が伸びようとすることも、このオーキシンによる重力検知機能によるものだといえます。

植物ホルモンは同じホルモンでもさまざまな役割をしていて、濃度によってはまったく逆の効果を発揮するため一言で言い表わすのは難しいですが、主に枝の先端部分の頂芽で生成されて、重力にしたがい下方へ流れていき、最終的には根の先端にたどり着いて根っこを伸ばすために働くイメージを培うと、せん定の役に立ちます。つまりその植物の生長の方向性を指揮しているのはオーキシンなのです。地上部の枝の先端から地下部の根の先端まで通り抜けていくのですが、このホルモン、じつはその上から下に流れている最中に存在している芽に対し、発芽や伸長を抑制する働きをします。

オーキシンは強引な職場の上司

筆者はせん定の際は、オーキシンを司令官タイプのホルモンだと認識しています。かなり強引な職場の上司を想像しましょう。リーダーシップのある人格ですね。ちょっと近くにいると面倒ですが、こういう人がいるからこそ部署はまとまって目的を達成できるわけです。あなたが運営する株式会社「果樹」の重要な部長さんです。ただこのオーキシン部長は、リーダーシップがありすぎるわけです。

植物には頂芽優勢◆といって、1本の枝にたくさん芽がついていても先端の芽に養分が集まり一番強く伸びる性質がありますが、これはまさにオーキシン部長のリーダーシップのなせる技でして、先端の頂芽から生成されたオーキシンは、「頂芽が一番伸びるように養分をまわせ！　下位の芽であるお前らは動くな！　先端が一番伸びればこの植物はより大きくなれるのだから、それがもっとも効率がいいだろう！

オーキシン部長と花形営業マン・サイトカイニン

リーダーシップのあるオーキシン部長は、いつも枝の先端（頂芽）から下に向かって頂芽が一番伸びるように指令を出す（頂芽優勢）。下位の芽（側芽）は発芽を抑えられて、樹は上へ上へと伸びていく

頂芽を切ると、オーキシンの生成が弱まり、側芽の分化を促すサイトカイニンが活性化し、たくさんの枝が萌芽し始める。サイトカイニンは枝を出し、花を咲かせるド派手な営業マン

とりあえず先端に養分を集中させろ」と、すべての芽たちに命令しながら下へ降りていきます。

下位の芽たちは「はいはい」と言うことを聞くので、放っておくとどんどん植物は先端だけが伸びていき、より高く生長しようとします。

頂芽を切れば、側芽が伸びる

しかし、株式会社「果樹」の目的は、樹高を伸ばして自然界の競争に勝ち、たくさんの鳥たちに果実を提供してタネを運んでもらうことではありません。人間が収穫しやすい位置にたくさんの果実をならせることが設立理念なので、社長のあなたはしっかりとビジョンを示さなければいけないわけです。

よくやられるのは、苗を買って植え付けたときに、そのままにせず先端を◆切り詰めておきましょうといわれる方法です。先端部分でオーキシンが生成されるのですから、その先端部分を切ってしまいましょう、といっているわけです。

頂芽を切り取られると、代替として

◆マークは14ページに用語解説あり

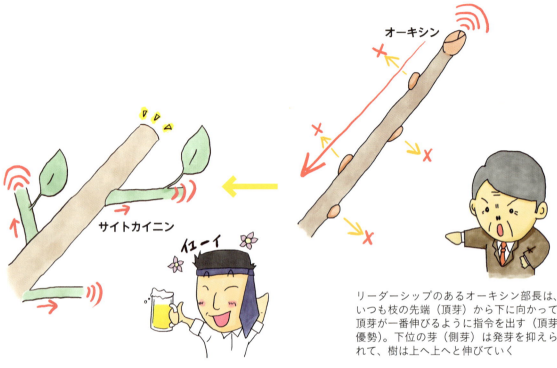

次の芽が頂芽として働くようになるのですが、一時的にオーキシンの生成は弱まり、これまで抑えつけられていた下位の芽たちが一斉に伸長し始めます。側芽が伸びるので、低い位置にたくさんの枝が発生するようになりますし、その発生角度も広がって人間にとってはうれしい状態に近づきます。うるさいオーキシン部長がいなくなったら、はしゃぎ出すのがサイトカイニンです。

サイトカイニンは優秀な営業マンだが……

サイトカイニンとは、側芽や不定根の分化促進、花芽形成といった働きをする植物ホルモンです。花芽をつくっているのは彼ともいえます。

筆者はせん定の際、サイトカイニンのことを、命令は聞かないが結果を出す優秀な営業マン、しかし遊び好きでいつもはしゃいでいる宴会部長、といったイメージで捉えています。会社の売り上げ（花）を現場でつくっているのは確かに営業マンのサイトカイニンですが、会社全体のことはいっさい考えていません。彼の好きにさせていると、すぐに枝を出し花を咲かせて経費を浪費するため会社全体が大きくなれません。そのために厳しい司令官のオーキシン部長がサイトカイニンを抑えつけています。どちらの存在も大切ですね。

主枝は40度以上が好ましい理由

主枝の角度は40度以上が好ましいと前述しましたが（p21）、これもオーキシンとサイトカイニンのバランスを見ることで理解が進みます。

オーキシンは先端で生成され、重力にしたがい下方へ移動するため、枝が横向きになっていると下方にオーキシンが集中し、手薄になった上面ではサイトカイニンが活性化するためたくさん萌芽し、上面からばかり枝が吹き出すようになるといわれます。とくに一度主枝が下がってまた上がっている場合は一度下がる手前で徒長枝が毎年吹き出し、毎年ぜんぶせん定することを繰り返しているという人も多いのではないでしょうか？（左下の図）側枝の角度は何度であろうと、どうせ数年で根元から切ってしまうので無視して

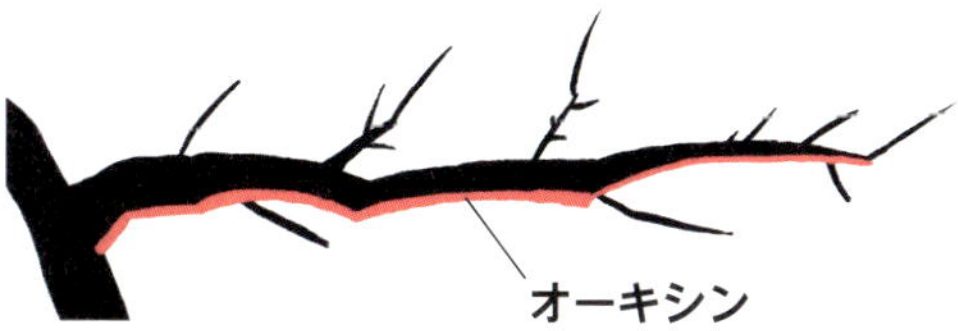

枝が横向きになっていると重力検知ホルモンであるオーキシンが下方に集中する

オーキシンが手薄になった上面でサイトカイニンが活性化し、枝の上面ばかりから新しい枝が吹き出すようになる

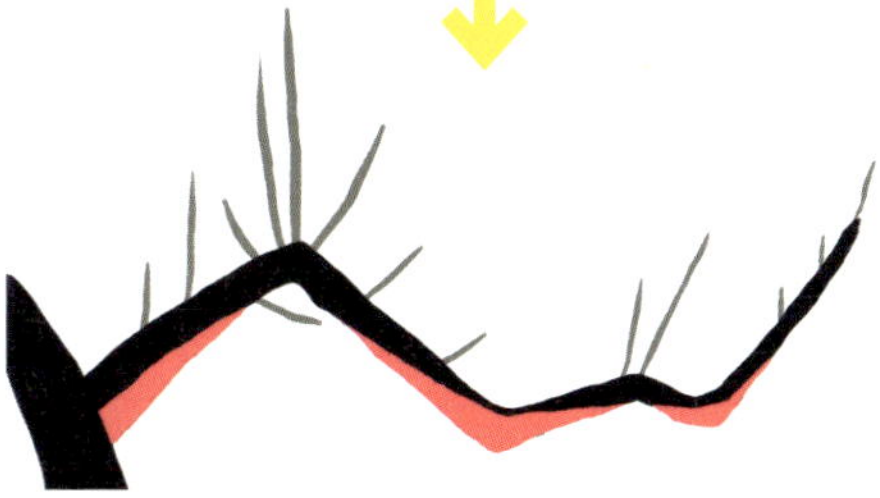

主枝が上がったり下がったりしていると、上がった部分から出た枝が勢いよく伸び、ほかの枝の伸びを抑えてしまう

よいのですが、骨格となる主枝はまっすぐ斜めであるに越したことはないのです。

　また、夏せん定すると樹が弱くなる、と先述したことは、植物ホルモンの視点に立ってみると、夏せん定で徒長枝を排除することで、オーキシンの生成量を落としてしまい、結果的に根の生長を阻害しているとも見ることができます。そのために根の充実のためには立ち枝を積極的に残すほうがよいととらえることもできます。難しいですね。

新入社員のジベレリン

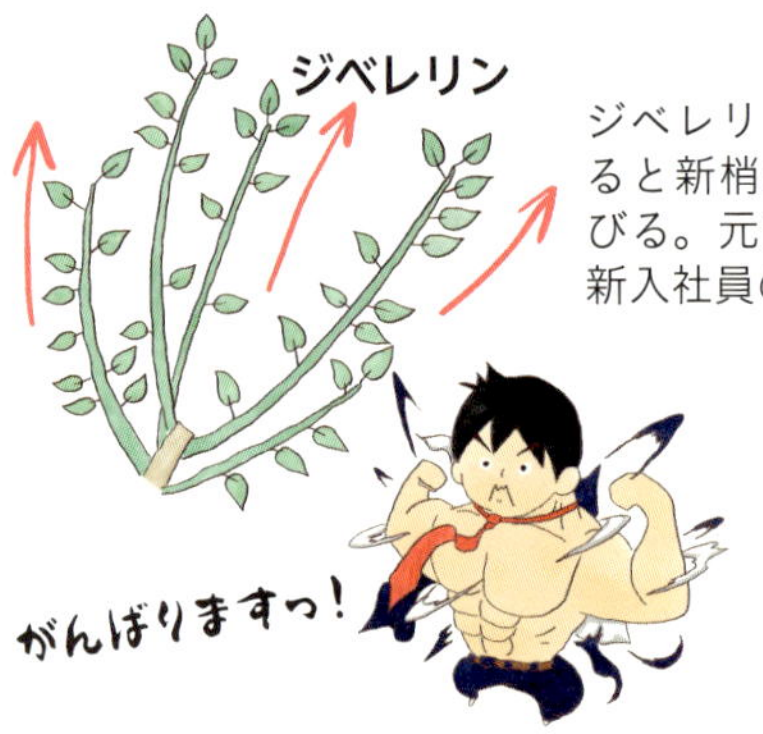

ジベレリンが活性化すると新梢が勢いよく伸びる。元気が取り柄の新入社員のような役割

細胞の分裂と増殖を促すジベレリン

　最後にジベレリンというホルモンについても、果樹栽培とはすごく身近なものなので解説しておきましょう。ジベレリンは、種子の発芽、子房の肥大、茎の伸長に働きます。要するに細胞の分裂と肥大を促すホルモンです。

　ブドウ栽培をされた経験のある方はよくご存知かもしれません。大人気のタネなしブドウは、市販されているジベレリンをブドウの花にかけることで実現します。本来受粉してタネが形成されると、そのタネからジベレリンというホルモンが発せられ果実が肥大していくのですが、タネもできていないのに外からジベレリンを散布することでタネがないのに大きく育つようになるという仕組みです。

元気が取り柄の新入社員

　ジベレリンが活性化すると、とにかく大きく生長します。果実もそうですが、ジベレリン◆ペーストという商品を春に発生した新梢の付け根に塗っておくだけで、その新梢は異常に生長し、長大な枝になります。無理矢理短期間で枝を伸ばしたい際に使用されるのですが、自然状態でもジベレリンは勝手に活性化します。

　栄養生長の解説のときに、雨が降ったり温度が上がったりするだけでも勝手に栄養生長が強くなると表現しましたが、これはそういった環境変化でジベレリンが活性化していると説明することもできます。

　筆者のイメージとしては元気いっぱいで「しゃかりきがんばります！」ととにかく元気だけが取り柄の体育会系の筋肉ムキムキな新入社員といったところでしょうか。どこであれ配属された場所でとにかくよく働きます。どんどん生長しているようすを見たらジベレリンががんばってるんだなぁと眺めてあげてください。

＊

　植物ホルモンについては、まだハッキリとわかっていないことも多いです。これからいろいろ解明されていくとは思いますが、知ると知らないとでは樹の見え方は大きく変わってきます。

◆マークは14ページに用語解説あり

出張せん定講座

福岡県内の家庭を訪問して、庭先果樹の悩みを聞きつつ、実際にせん定してみました。理想的な樹の形ではないけれど、問題解決の一例として楽しんでみてください。

ケース
1
ウメ

巨大化した放ったらウメ、どう切る!?

40年以上放置されてきたウメの樹。実はなるが、樹の外側ばかり。高いところは収穫できずに、落ちて腐るか、鳥のエサになってしまっている

ビフォー

科学的に楽しく
自給自足 ch

関連動画を
ご覧になれます！

大きすぎて、
どこ切ったらいいか、
まったくわからん……

持ち主・
沖哲爾《てつじ》さん

つるちゃん　日本中に何万本あるかわからないような、典型的な「放ったら果樹」ですねー。

沖さん　嫁の実家から引き継いだ土地で、40年以上前に植えられてからずーっと放ったらかし。ウメの実はよくなるけど、3、4年前にとれない年もあったなー。

つる　どうしたいですか?

沖　もう高いところはとれんけん、バッサリ……。

つる　今後1年はならなくてもいいくらい?

沖　はい、よかですよ。

◆マークは14ページに用語解説あり

大改造
しましょうか？

つるちゃん

つる　じゃあ、大改造ですね（笑）。高さを抑えて、道にはみ出しているのは縮める。まずは立ち上がっとる枝をバッサ、バッサ、バッサと切ってはずしていきましょう。

切る手順

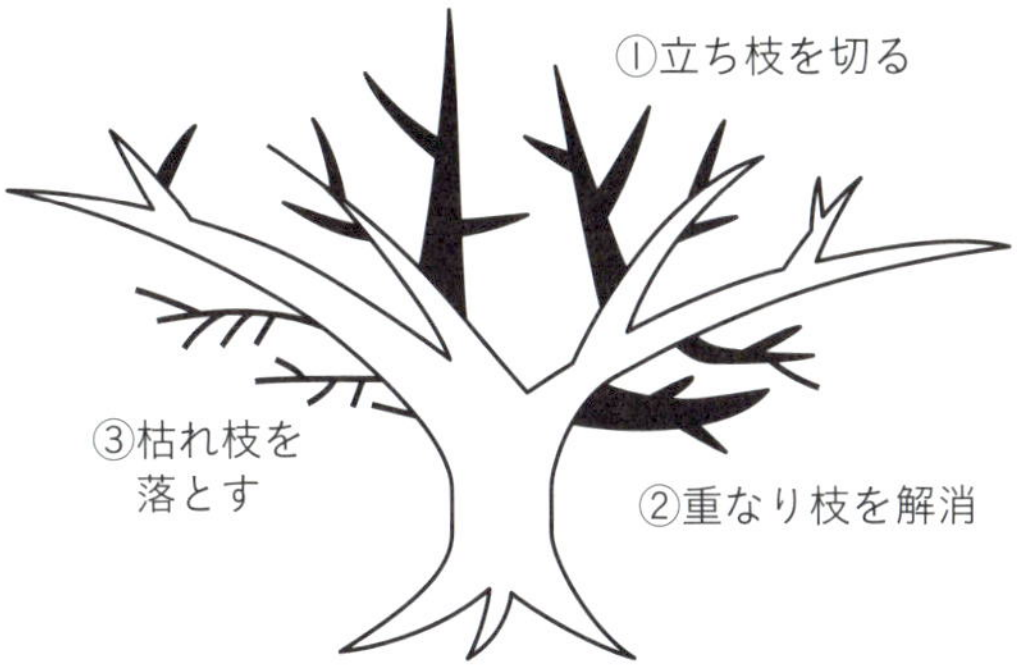
①立ち枝を切る
②重なり枝を解消
③枯れ枝を落とす

立ち上がっている枝を切る

樹は光を求めて、上へ上へと立ち上がっていく。すると、低い位置にあった枝は陰になって枯れ上がり、樹の外側だけにしか実がならなくなる。立ち上がっている枝をバッサリと切ることで、樹の内側に光が入るようになる

まずは根元から内向きに立ち上がっているこの枝から

＊切る枝に水色をのせて表示

途中切り、でべそ切りはしない

枝の途中で切ったり、でべそに切り残すと、そこから雑菌が侵入して枯れ込みが生じてしまう。枝が股になっているところの際で切ると、◆カルスが形成されて切り口が塞がる

上面から出た勢いの強すぎる枝や、下面から出た弱すぎる枝をはずしていく

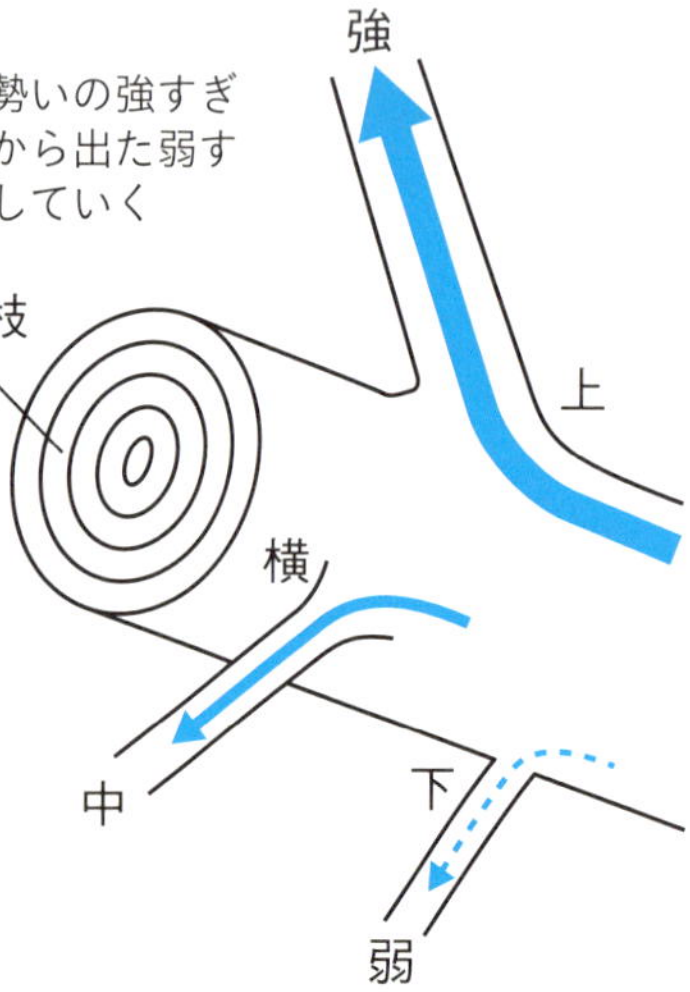

ポイント どの位置から生えている？

枝は生える位置によって、強さが違う。上面から立ち上がっている枝は強く伸び、放っておくと元の枝を負かしてしまう。横から生えた枝は中庸で扱いやすく、下から生えた枝は弱くていい実がなりにくい。

◆マークは14ページに用語解説あり

太くて長い枝は付け根から一気に切らず、上から途中切りして徐々にはずしていく。切ったあとも枝がからまり合って、はずすのに一苦労……

最後は付け根からバッサリと

作業時間の8割は切った枝の片付けですね（笑）
手伝いたいけど、撮影優先で……

動画編集担当・ノウカノタネ まさとっち

アフター

切り口に癒合剤を塗る

500円玉より大きい切り口には◆癒合剤を塗っておく

◆マークは14ページに用語解説あり

被さっている枝をはずす

上から被さって陰をつくっている枝があれば、上か下かどちらかをはずす

低くて草刈りの邪魔になるので、下の太枝をはずした

枯れ枝をはずしていく

枯れ枝は硬くて
ノコギリで切り
にくい……

一通り、太い立ち枝を切ったら、樹の周辺部の枝をノコギリで切っていく。込み合った部分は春になっても葉が出ない枯れ枝ばかり。手でポキッと折ったりしながら、根気よく作業する

高く立ち上がっていた枝を切ったので、内側に光が入る樹形になった。ウメの樹は新しい枝がバンバン出やすいので、春から夏に◆徒長枝や◆長果枝が、旺盛に出る。実をならすためのこまごましたせん定は翌年からとなる（赤色はつるちゃんの頭の中で◆主枝と決めた枝）

ケース
2
モモ&アーモンド

低い樹で花を楽しみ、実も食べたい

移植後、2年半無せん定の蟠桃の樹

つるちゃん　若そうな樹ですね。

河原さん　2年半前に庭をつぶすってた人がおったけん、うちに引っ越してきた「蟠桃《ばんとう》」です。樹齢はわかりませんけど、花がいっぱい咲いて、近所の人もよろこんでくれる。でも、うちに来てからはせん定してなくって、小枝がいっぱい出てきた。そろそろ切らなきゃって……。

まさとっち　バントウ??

つる　形がつぶれた感じの、モモの古い品種。実も甘くておいしい。

河原　めっちゃ甘い。黄色系のモモみたいな。草むしりしているときに、いい感じのがあったら食べてポイッと捨ててます。

つる　どうしたいですか?

河原　あたしの身長より大きくしたくないんですよ。

つる　モモはウメみたいにバーッと大きくはなりにくいですよ。目的が花であれば、樹の中まで日が差し込まなくても表面に花が咲いて、それなりに実がなればいい。それでも何十個かなるんで、思いっきりガツンと抜いたりはせずにいこうかなと思います。ただ、被ってる枝は嫌なので、◆はずしていきましょう。

動画をチェック!

◆マークは14ページに用語解説あり

立ち枝や内向枝をはずす

将来、脚立を使わなくていいように、強く立ち上がっている枝や、内側に伸びている◆内向枝を切る（背後の枝にネコのオブジェが引っかかっている）

＊切る枝に水色をのせて表示

内側がすっきりして、光がよく入るようになった

そこは自分じゃ切れない！　切って私がこの樹をダメにするんじゃないかなーって、不安になる

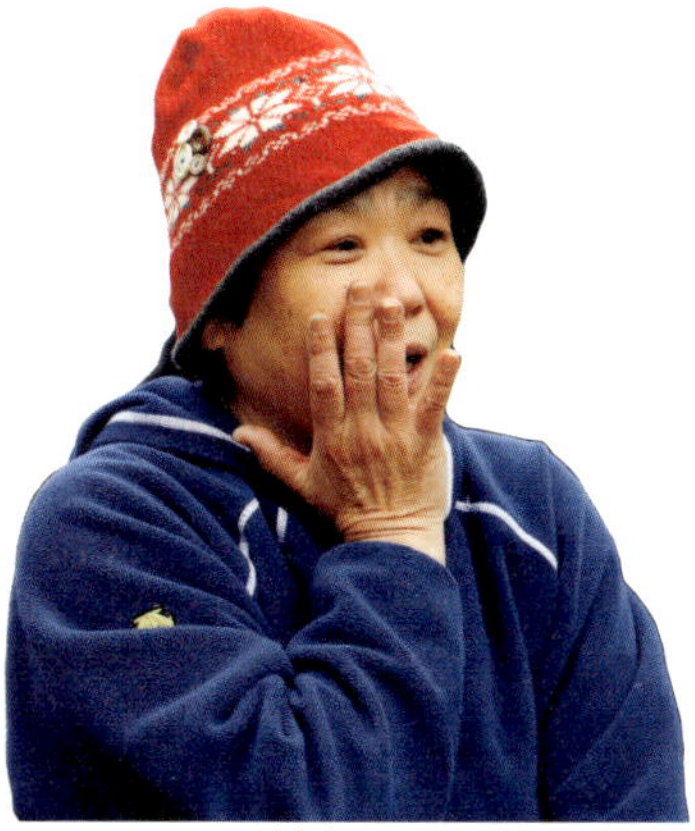

持ち主・河原育《やす》代《よ》さん

ポイント　落葉樹はバッサリいける

冬に休眠する落葉樹は幹や根に◆貯蔵養分をためるので、枝はバッサリ切っても大丈夫。冬も活動し、葉にも養分をためる常緑樹のせん定は全体の２割程度までとする。

主枝の先端は強めに切り詰める

◆主枝をもっと伸ばせるなら、先端付近で競合する枝をはずして、1本にしたいところだが、これ以上伸ばしたくない。また、花を愛でたいので、あえて先端付近もわさわさっと枝を配置。ただし、主枝先端だけは強めに切り詰めた。切り詰めることで強い枝を出し、樹全体に養水分を供給するポンプ役として働いてもらう

ビフォー

2年連続で無せん定のため、小枝がたくさん出ていた

アフター

塀の向こうまで伸びないよう、奥へ向かう大枝は切り、左右にのみ主枝を配置した。今後は2本の主枝が広がるイメージで、主枝の上面から伸びる枝を放置せずに切っていく

けっこう切ってもいいんだなー。毎年、こんな形をめざします

◆マークは14ページに用語解説あり

徒長枝が伸びて背が高くなっている。春に一度伸び、夏以降に◆2次生長した枝は力が弱く、葉が残っている。葉を落とすための◆離層の形成にもパワーが必要だ

徒長枝の出た強い枝を誘引ヒモ（マイカー線）で引っ張って重石に固定した

アーモンド

切らずに、引っ張って広げる方法もある

河原　アーモンドの樹ももらったんですよ。

つる　モモと同じバラ科サクラ属。結果習性もモモと同じですね（p48）。花がモモより大きくてめちゃめちゃきれい。実もなって、タネを割って中の仁を生で食べると杏仁豆腐の香りがふわっとしますよ。

河原　へぇー、食べられるんだ。

つる　花を愛でたあと、４月にズドーンと高くなってる枝を抜いて受光態勢をよくしたほうがいいですね。でも、ここはスペースがあるけん、高い枝を引っ張って下げましょうか。

（誘引作業……）

河原　あっ、ちょっと下げただけで、すごく樹形が変わった。格好いい、ステキ！

つる　枝を引っ張って角度を下げると◆植物ホルモンの働きで樹が落ち着きます。切らんでも中に光が当たるようになる。樹の形がついたら誘引ヒモはすぐにはずしてもらっていいです。夏は草刈りの邪魔になるんで。

近くから同じ方向に3本の枝が出ているので、真ん中を抜く
（赤：残す枝、水色：切る枝）

ケース
3
リンゴ

枝を下げるのはできるけど、勇気がなくて切れない……

持ち主・熊谷修治さん（右）、節子さん夫妻

◆マークは14ページに用語解説あり

つるちゃん　九州ではめずらしい！　リンゴですね。

修治さん　植えて7年目の樹です。

節子さん　リンゴだけは自慢なんです。通りすがりの人もビックリしていく。味の濃い実が30個くらいなったけど、ならせすぎですか？

つる　この樹なら100個いけますよ！　ただ、ならせすぎると、実が大きくならんけん、30個くらいが正解かな。ところで、地際で幹が2本出とるけど、両方使いますか？

修治　これ、「ふじ」と「王林」なんです。

つる　あー、なるほど。庭先果樹ならではの樹形ですね！　僕も初めて見ました。地際で2品種が接いであって、お互いに受粉して実も2品種楽しめる（笑）。

＊

修治　徒長枝は切るっていうけど、てっぺんの枝は切ったほうがいい？

つる　残していいですよ。徒長枝ってもっとビューンと立った枝です。この樹、けっこう落ち着いてますよ。こういう狭い場所で育てるときは、主枝を

主枝が2本直立。手前が「ふじ」、奥が「王林」。12月末だったが、見本に果実を3個とらずに残しておいてくれた

込み合った枝を透かした。リンゴは上に伸びる力の強い植物で、枝を垂らせて落ち着かせ、実をならせるのが基本。先端は立たせて養分を引っ張らせる

株元のようす。王林のほうが樹勢が強く、幹が太く育っている

動画をチェック！

短い枝においしい実がなる

リンゴは枝の先端に実がなるのが特徴（p50）。2年目以降の枝には◆短果枝が出て、味や形のよい実がなる

立ち上がっている枝を切る

成り枝の途中で立ち上がって覆い被さっている枝を切る（赤：残す枝、水色：切る枝）。同じ方向に立ち上がったり、垂れたりしているのをどちらかに絞るだけで、かなりすっきりする

横に寝かさずに1本（この場合2本）直立させて、一番上の枝はわざと真上に立たせるんです。「力抜き」といって、そいつが養分を引っ張る間に、ほかの枝を垂らせて実をならせる。ただ、下の枝が込みすぎて枯れたのがありますね。ちょっと整理してあげたほうがいい。

（せん定作業開始　パチッパチッ）

＊

節子　ああ、切っちゃったー。泣きそうなんだけど……。こんなに切っても芽は出るの？

つる　大丈夫、出ますよ。ただ、王林なのかふじなのか、どっちの枝かを確認しながら切っていく必要がありますね（笑）。あと、誘引ヒモが多くて、逆光で作業すると、枝なのか、ヒモなのかわからない。

節子　ヒモで枝を下げるのはできるけど、大事な枝は切れない……。

つる　たしかに、難しいけど、切ってみらんとわからんけん。切ったら、翌年はなりが悪くなることもあるけど、それを繰り返さんとその樹のことを理解できんので。一度目をつぶってノコ

◆マークは14ページに用語解説あり

ビフォー

誘引ヒモでていねいに下垂させてあるが、枝を切れずに込みすぎていた

アフター

収穫量は落ちない程度に込みすぎていた枝を透かして全体的に枝をすっきりさせた

で切ってあげてください。切ったら諦めがつくし、どう変わるか翌年わかる。そのうち「自分の樹は自分が一番よう知ってる」ってなりますよ！

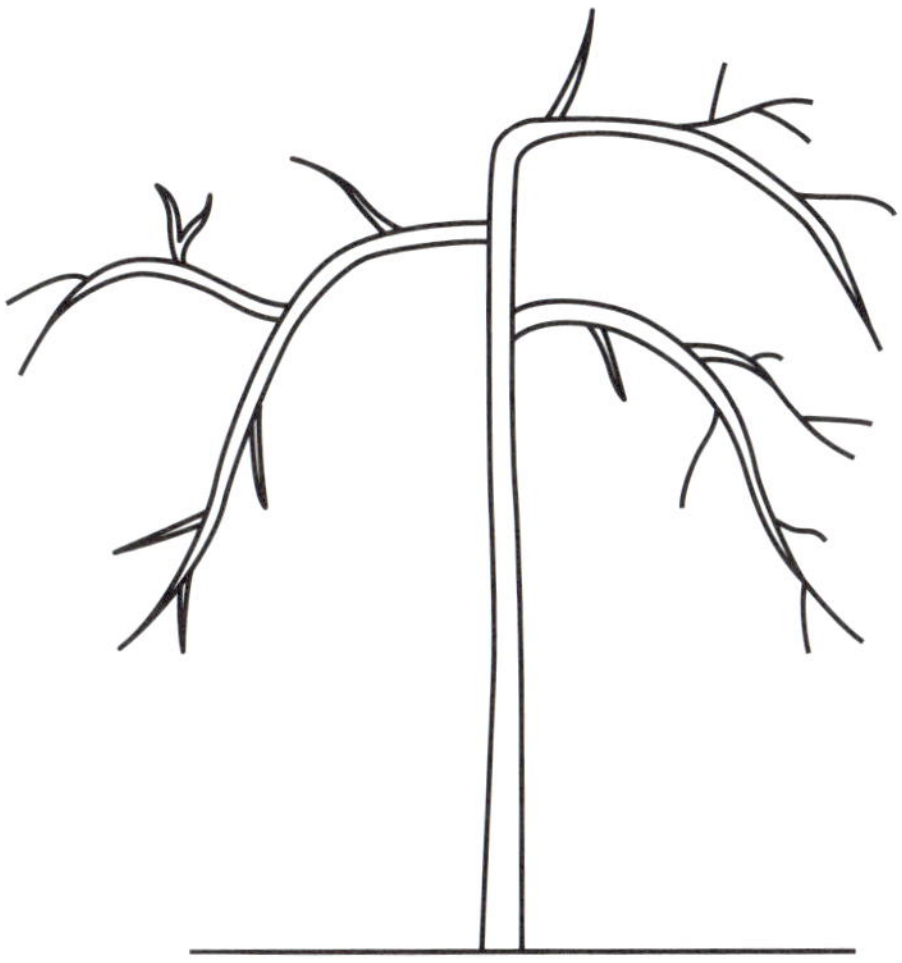

狭い庭なので、将来的（約5年後）には、上部の勢いのある枝に実がなって垂れ下がり、傘を広げたような感じの樹形に仕立てるのがよさそう。下の小枝は陰になって枯れるが、通路を確保でき、頭上に実がぶらさがるイメージ

ケース
4
イチジク

毎年枝が増えて、樹が大きくなっていく

動画をチェック！

イチジクのせん定。1年枝の付け根まで切り戻す

児島さん　去年亡くなった夫が植えたイチジクです。どこまで切っていいかわからなくて。

つるちゃん　イチジクは今年出た◆1年枝を元まで切り戻していく。そうすると、来年またそこから枝が出て、その枝に実がなる。この繰り返し。ウメやモモ、リンゴの場合、1年目は待って、2年目、3年目の枝に実をならせるけど、イチジクは1年目の枝に実がバンバンなる。ブドウ型の結果習性（p36）。

まさとっち　へぇー、じゃあ、樹の形ができたら、それでおしまい？

つる　そう、これ以上大きくしないって決めたら、あとは1年目の枝の切り戻しを繰り返すだけ。切り戻す枝も太いやつがいい。ほかの果樹でいうと徒長枝みたいなぶっとい枝を使う。切り口の太さが10円玉くらいが目安で、1円玉では弱い。

＊

児島　この樹、いらない枝とかはないですか？

つる　ちょっと枝数が多いので、高く伸びすぎているところは、2年目とか

◆マークは14ページに用語解説あり

10年ほど前に植えたイチジク（品種はセレスト）。先端の枝の伸びは強くなく、落ち着いている（イチジクの枝が徒長すると2、3mもの長さになる）

持ち主・児島鹿美さん

1年枝を付け根の部分まで切り戻し、草刈りの邪魔になりそうな低い重なり枝を切った（赤の矢印）。中心部に伸びる枝（青の矢印）は切ってもよいが、あえて残して葉を出させ、太い胴体に陰をつくって日焼けを防ぐ

手のひら２枚分の間隔で

イチジクの葉は大きいので、ならせる枝と枝の間隔は手のひら2枚分が目安

1芽残して切る。春になると見えない芽も含めて3本ほど新梢が出るので、1カ所につき1本に芽かきする

高すぎる枝を切り下げる

収穫位置が高くなりすぎるので、2年枝の付け根まで切り下げた。切り口から芽が出ない可能性もある

◆マークは14ページに用語解説あり

太すぎる枝は少し長めに残す

少し長めに残して枝を切った。5本くらい芽を出させ、結実するまでは◆芽かきをせずに枝の勢いを分散させる。実がなり始めてから1本に絞ることで、品質のいい実が期待できる

切り口の太さが500円玉以上の勢いが強すぎる1年枝を切る

簡単な仕立て直し方

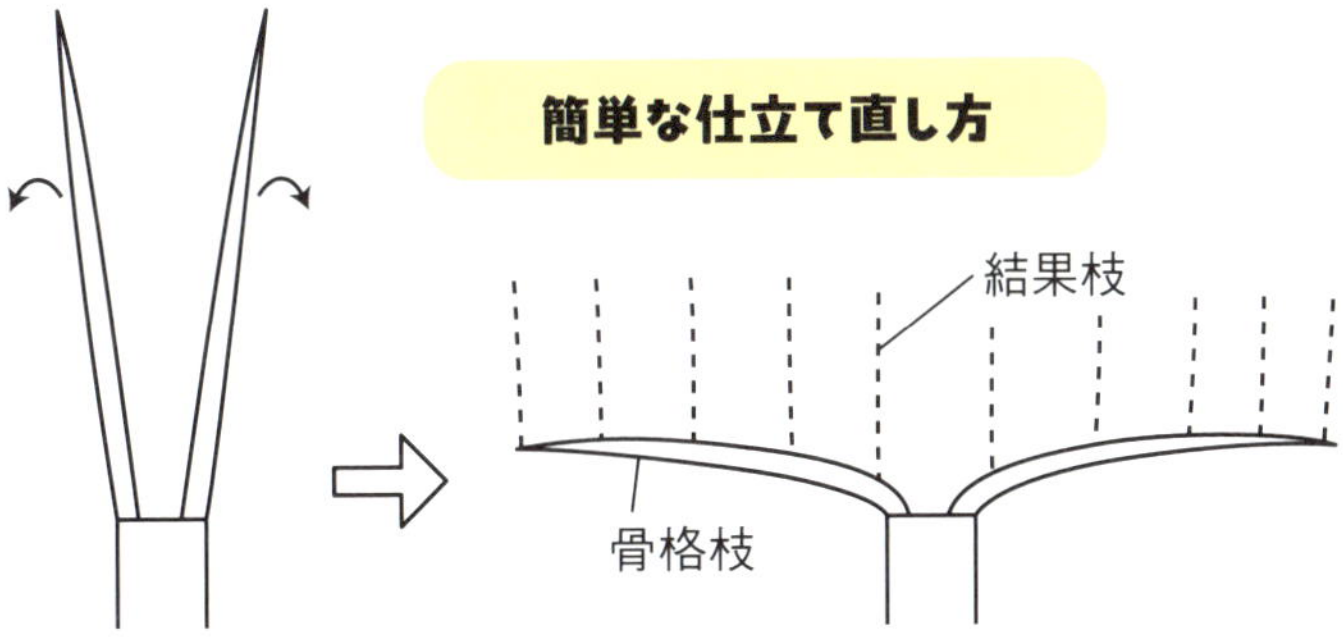

の枝の付け根で切っておきましょう。そこからは芽が出らんかもしれんけど、切った刺激で出てくる可能性もある。

児島　ありがとうございます。こんなに切るとは思わなかった。切れないからだんだん枝が増えて、樹が大きくなってました。

つる　イチジクは思いきって切っていい。なんなら、株元からバサッと切って、新しい枝をビューンと2本伸ばして両側に寝かせたら、一文字の樹形が完成しちゃう。で、各節から伸びた枝を毎年付け根まで切り戻すだけ。ブドウの◆短梢せん定と一緒です。僕のなかでは、イチジクはつる性植物と同じ扱いです。

＊イチジクの短梢せん定は桝井ドーフィンなどほとんどの品種で可能。ただし、樹勢の強い蓬莱柿などは強く切り戻さず、枝の先端の芽を使う。間引き主体で軽めにせん定

＊ザ・キングなどの夏果専用種のせん定では、2年目の枝が「と金」となるので、1年枝をすべて切り戻すのでなく、実をならせる枝はそのまま残し、あえてならせない枝のみを切り戻す

軒下で四方八方に伸びるブドウ。まずは誘引ヒモをはずしていく

ケース5 ブドウ

つるがぐっちゃぐちゃや どう仕立て直す？

動画をチェック！

門田さん　亡くなった両親が住んでいた空き家の庭にいろんな果樹を植えとります。ブドウのピオーネが5、6年たってなり出して、孫が喜んでねー。ばってん、つるがぐっちゃぐちゃになって、どれが生きとるかもわからん。

つるちゃん　隣同士に2本植わってて、入り乱れてますね（笑）。とりあえず、全部◆はずしましょう。あ、これ、虎の子の1本で大事に誘引してるけど、細くて弱い。庭先果樹でよくありますが、細いのをがんばって這わせようとするけど、芽が弱くて花や実がつかない。もっと太いところまで◆切り戻して、充実した強い芽を使っていきましょう。

門田　鉛筆くらいの太さですか？

つる　鉛筆よりもっと太い。小指くらいの太さはほしい。もったいないけど、細いのは切りましょう。

（太くて充実した◆*1年枝を見つけて横に這わせる）

つる　ちょうど反対側にも1年目の枝

どの枝が生きとるかもわからん……

持ち主・門田一之さん

◆マークは14ページに用語解説あり

が出とるけん、誘引しましょう。これで左右2本主枝でわかりやすいけど、せっかくなんで、上にもう1本這わせてもいいですよ。

門田　3本でもいいんですね。

つる　つる性植物やけん、好きなようにできる。4本くらいまでで自由に仕立てればいい。家をぐるーっと一周させてるのも見たことありますよ。春になったら、1年枝のすべての芽から新梢が出てきます。

まさとっち　ブドウは1年目の新しい枝に実がつく？

つる　そう。新しい枝が結果枝になる（p36）。冬になったら、それを1芽だけ残して切り戻す。そこからまた芽が出て、また1芽残して切り戻す。イチジクと一緒で、その繰り返し。短梢せん定っていうけど、その樹形で冬場にやることは、骨格を配置するだけ。あとは毎年、出た枝を切り戻すだけ。一番簡単なやり方やね。

＊ビフォー、アフターは次ページへ

大事に誘引してあった虎の子の1本だが……

この枝を使うなら、付け根付近の太いところまで切り戻し、このくらい充実した芽を1本伸ばす

樹の骨格を決めないまま、伸びた枝を無計画に誘引。どこから芽が出るのかも見当がつかなくなっていた

使えそうな枝を3本残して◆主枝とした。来シーズンは20房くらいならせそう。それぞれの主枝の先端は太い枝にある充実した芽まで切り戻しているので、1年で物干し竿の端まで到達する見込み（隣に植えてある株は、掘り起こして植え替える予定）

◆マークは14ページに用語解説あり

ブドウは2年目以降の枝からの◆胴吹きはまず出ない。主枝を這わせる場所には、必ず1年枝を使う。春になると、1年枝の各節から新梢が出るので、誘引して吊り上げる（高い位置から出た新梢は垂らして実をならせる）

うわあ
すっきりしたー！

まさとっち

ケース6
カキ その1

実がほとんどならない、枝が電線まで伸びる

せっかく出た◆1年枝が途中切りされて、先端の花芽が切り落とされている。横に伸びた細い枝には実がなるかもしれないが……

「カキはご神木だから切るな」といわれるのですが……

持ち主・矢野俊治さん

矢野さん　カキの実が3、4個しかならなくって。

つるちゃん　品種はなんですか？

矢野　わからない。渋柿です。上にばっかり、じゃんじゃん伸びる。この冬に切っちゃいましたが、もう電線まで上がっていくんですね。

つる　1年目の枝が途中で切られてますね。カキって、先端にしか花がつかないんですよ。だけん、来シーズンも花が咲かない（p40）。横にちょっと残ってるやつは、うまくいけば実がなる。ただ、ちょっと弱い枝なんでならないかも。

矢野　毎年ガーンって伸びるからそれ

◆マークは14ページに用語解説あり

を切り戻して、の繰り返し。悪循環でしたね（苦笑）。

つる　カキのせん定あるあるですね。たまに、植木屋さんとかも切り揃えてくれたりして、ならないことがありますね。これ、どうしていきたいですか？　10個くらいなればいい？

矢野　渋柿ですから。少し干し柿にしてお茶請けにするくらいでいい。とにかく上に高く上がらないようにしたいですね。

つる　どうせ来シーズンはならんけん、高いところを抜きますか？

（チェンソーで太枝を4カ所切る）

矢野　だいぶすっきりしましたね。

つる　樹形がいいとはいえないけど、たぶん、春に太い切り口からたくさん枝が出てきて、なかにはまた勢いよく伸びる枝がある。6、7月になってある程度大きくなったら、何本か引っ張って下げてみてください。その枝は落ち着いて花芽ができるので、翌年実がなります。上にビューンと伸びちゃったやつは、冬に途中で切らずに付け根から抜く。で、下げたやつに実をならしていく。だんだん樹全体が落ち着いて、高さを抑えられると思います。

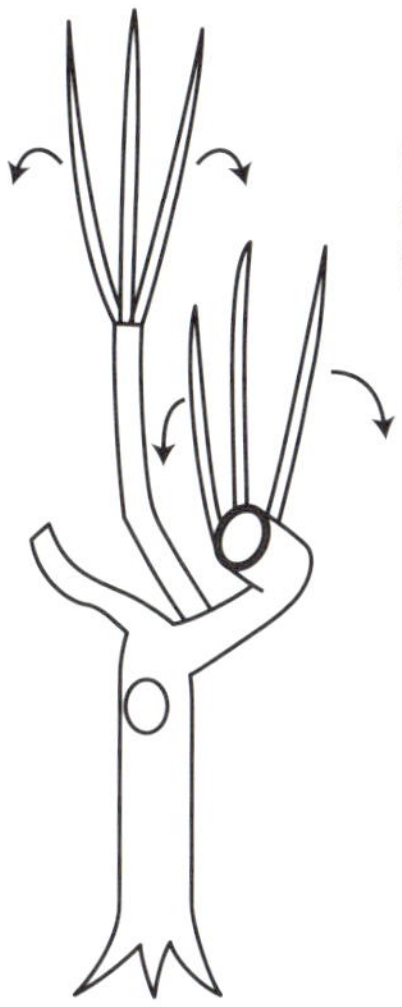

勢いよく伸びた枝を数本、夏に誘引して下げる

動画をチェック！

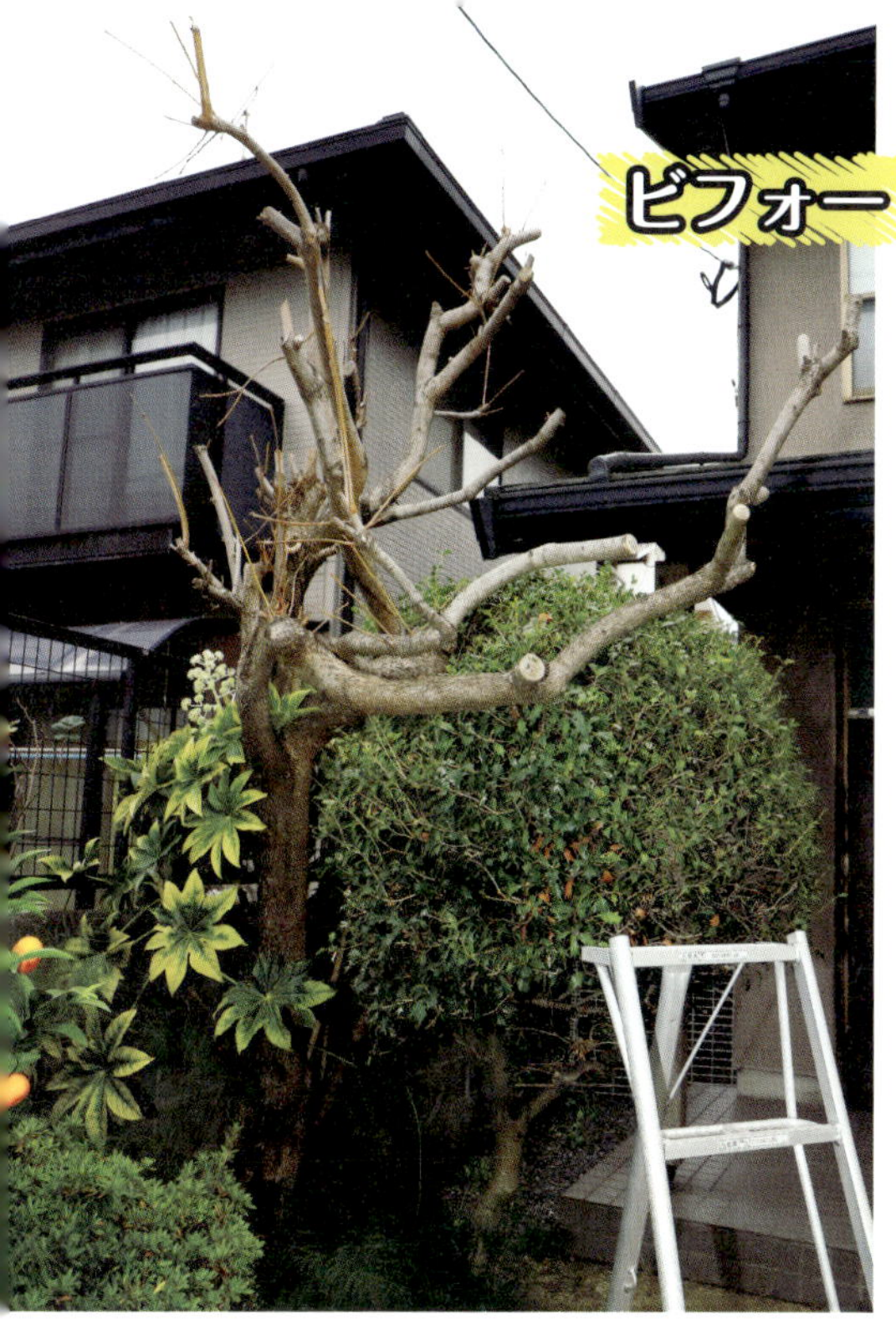

細い枝も太い枝もすべて途中切りしてしまっている

玄関のほうに向かって伸びていた枝と、手前の重なり枝を際から抜いた

ケース
7
カキ
その2

花芽をもたない秋枝ばっかり出てる！

枝を触って確認する門田一之さん（p92でも登場）。出ている枝のほぼすべてが茶色くて未熟な秋枝。付け根から間引くのが基本だが、葉の枚数を確保するために、一部残したほうがよさそう

動画をチェック！

仕立てはバッチリ。「いうことなし！」と太鼓判を押そうとしたのだが……

つるちゃん　仕立てはよかですね。

門田さん　いや、センセイのおかげや！　ユーチューブもずっと見とります。

つる　そんなに強い◆徒長枝はないけど、あれ、この◆1年枝、ほとんど全部枝に毛が生えてる。春に伸びた枝やなくて、夏以降に伸びた秋芽（秋枝）ですね。

門田　へぇー、そしたら切らんといかんね。

つる　今年は台風がぜんぜんこなかった。猛暑と水不足で、樹が1回ダメージをくらったあと、10月頃に◆2次生長みたいにビョーンと秋芽が出てきた。

◆マークは14ページに用語解説あり

それにしても、多すぎますね。夏に肥料とかやりました？

門田　いや、覚えとらんけど、化成肥料を気まぐれにやっとります（苦笑）。

つる　可愛いがろうとして、肥料をよくやる。庭先果樹あるあるですね。それで夏以降に枝が伸びちゃった。落葉果樹の肥料は基本、冬の1回だけ。化成肥料でなく、ゆっくり効く配合肥料をやる、と覚えておいてください。あれれ、この秋芽、枝の切り口からたくさん出てる。ひょっとして、夏に徒長枝を切りました？

門田　はい。徒長枝は切りましたよ！（エヘンッ）

つる　夏に徒長枝を切りすぎると、切られた刺激で秋芽が吹いちゃう。おそらく、肥料と徒長枝切りの合わせワザが原因ですね……。

春枝はつるっと光沢があって、先端が若干「くの字」を描いて伸びる。先端3〜4芽に花芽あり。産毛のついた秋枝は花芽分化（7月）のあとに芽吹いたので、◆葉芽しかない

樹の先端は切り上げて更新

垂れ下がってきた枝の先端のほうを切り上げる（矢印）

　こちらは定年農家の佐藤利通さんの自給畑のカキ。

　やはり秋枝が多かったが、なんとか◆花芽をもった春枝も確保。カキはブドウやイチジクと同様、その年に出た枝に花をつけ、実をならす（p 40）。なので、モモやウメ、リンゴのように、成り枝をつくるために2年、3年と待つ必要はない。

「樹をこれ以上広げたくないところまできたら、アグレッシブに1年目の枝に切り替えていく」とつるちゃん。

　また、枝の先端部にある芽に実がつくので、その重みで秋には枝が垂れ下がる。とくに先端の枝は、真上に直立した枝を積極的に使っていく。

ケース
8
レモン&ユズ

高木化して実がならない、どうする？

放置されて栄養生長が止まらない

レモンやユズに代表される香酸カンキツは、果樹のなかでは栽培管理の手間が少なく、自家用であれば無農薬でも収穫できるため、庭や畑の隅に植えられていることが多い果樹です。手間がかからないことが逆に災いし、完全に放置されて大きくなったレモンやユズは、果実がなっていても収穫できず手がつけられない状態になりがちです。

また、「桃栗三年柿八年、柚子の大馬鹿十八年」ともいわれます。結実に18年もかかることは珍しいかもしれませんが、「植えたまま放ったらかしのレモンが10年以上経っても一向にならない」という相談は途切れません。土地の状態によってはなかなか栄養生長が止まらず、存在を完全に忘れたころ、突然果実が大量になり始めたりします。これまでせん定もしていなかったから、収穫しようにも高すぎるし、トゲだらけで扱いづらい、という結果にもなりやすい……。

放ったらかしのレモンやユズ、自分を恥じなくても大丈夫です。同じような人はたくさんいます。

対策1 肥料は与えず、枝を下げる

ちなみに「何年経っても実がならない、なにかよい肥料を教えてくれ」という相談に対しては、いつも、「肥料は一切与えずに、だまされたと思って枝を何本か下方に引っ張ってください。きっと来年は下げた枝だけ実がなり始めますよ」とお伝えします。お伝えしたときはどなたも合点がいかないようすですが、次の年にお礼の電話がくることも多いです。

これは枝の角度をむりやり下げることで、ホルモンバランスを変化させて花芽◆をつきやすくする方法ですが、これまで一度も実がなったことがないという樹に着果させたい場合は効果がてきめんです。

一方、植え付け時から苗の先端をカットしていたり、2年目、3年目と複数の主枝◆でしっかり仕立てていたりすれば、自然と主枝の角度は垂直ではなく斜め上になり、地面と平行に近い亜主枝◆ができる状態に落ち着きます。おのずと早くから結実し、管理も収穫

◆マークは14ページに用語解説あり

もしやすい状態をつくれます。

ただ、レモンやユズを家庭で育てる最大のメリットは勝手にたくさん実ってくれることなので、そうそう手間をかけたくない。そんな気持ちはよくわかりますが、この十数年放置してきた最低限の管理を取り戻す作業であるため、ここは腹をくくって一度積極的に手入れしてあげなければなりません。

まずは教科書通りのやり方を説明し、その後に「推奨はしないがありがたい選択肢もある」ということもお伝えします。

対策2 主枝候補枝を残して切る

教科書通りのやり方でいく場合、やるべきことはなによりも主幹の伐採です。植え付けられた場所から一直線に伸びて高くなっている主幹を、できるだけ低い位置で切ってしまいます。チェンソーをお持ちでない方は、できるだけ目の粗いノコギリをホームセンターなどで探してください。安くてもよいので目の粗いものを使えば太枝も比較的ラクに切り落とせます。

枝を下げると実がつきやすくなる

下げた枝になった！
実がならん……
枝を下げるとホルモンバランスが変わり、栄養生長に傾いていた枝が落ち着いて花芽がつくようになる

仕立てた樹

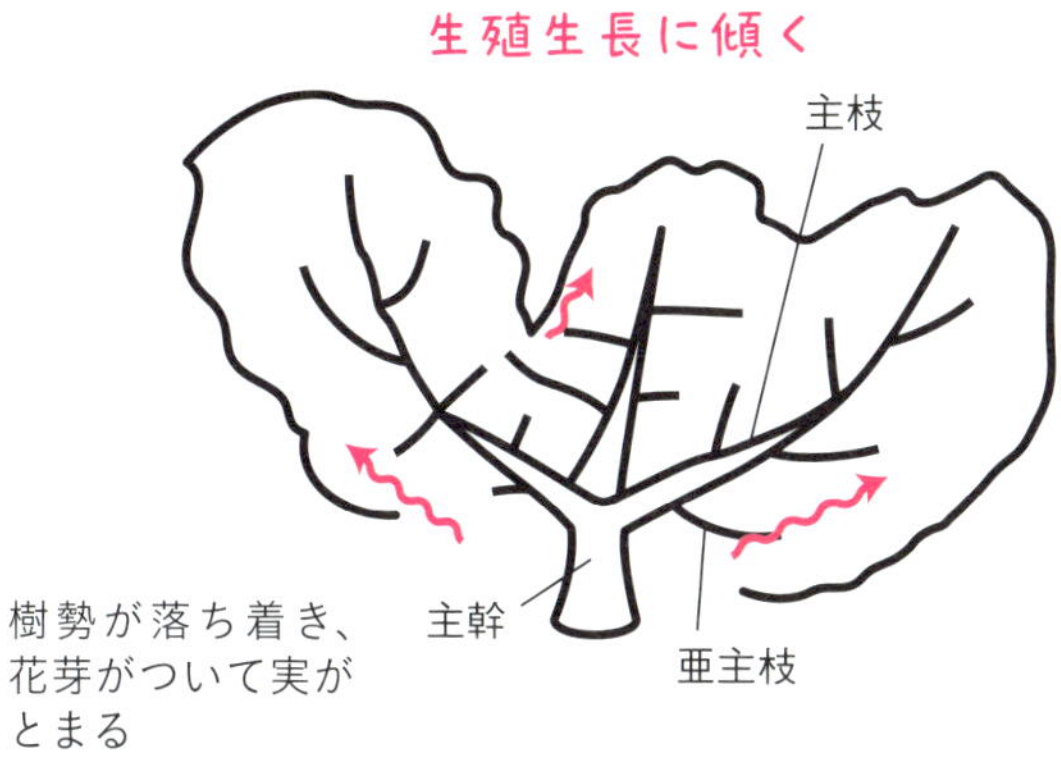

生殖生長に傾く
樹勢が落ち着き、花芽がついて実がとまる

放ったらかしの樹

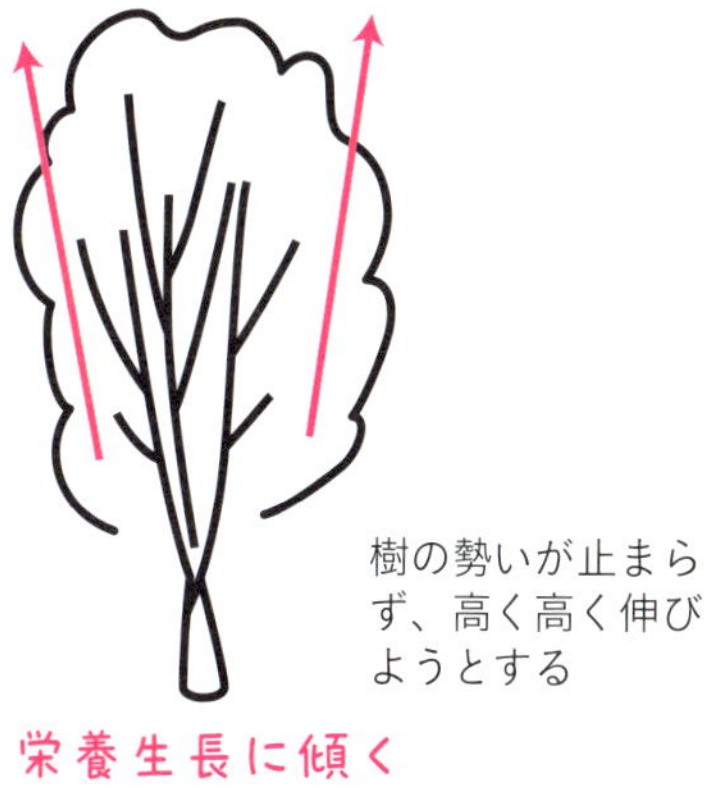

樹の勢いが止まらず、高く高く伸びようとする

この際、とても重要なのは、できるだけ低い位置で切りたいのですが、2～5本程度、今後の主枝になり得る強い枝を残しておくことです。真ん中に立ち上がっていた主幹を切ったことで、内側に光が入るようになり、今はハゲた枝ばかりでも、残した数本の主枝の付け根や内側にも枝葉が茂るようになります。とくにレモンは内側によい実をならせる習性があるので、この残した主枝を大事に育てていきましょう。

ほかにもこまごまとした作業をいえばあるのですが、絶対にやっておくべきは、①将来の主枝のトゲをハサミで切っておくこと、②残しておいた主枝が真上に立ち上がっていた場合、重なりやアンカーなどで地上部に引っ張って角度を下げておくこと（その際、先端は下がらないように！）、③伐採した大きな切り口に、ホームセンターなどで買ってきたトップジンMペースト（枯れ込み防止用の殺菌剤）を塗っておくことです。

ここまでやれば、もしかしたら来年1年は果実が実らず樹は回復に努める

教科書通りの伐採法

将来の主枝になりうる強い枝を2～5本残して、なるべく低い位置で切る

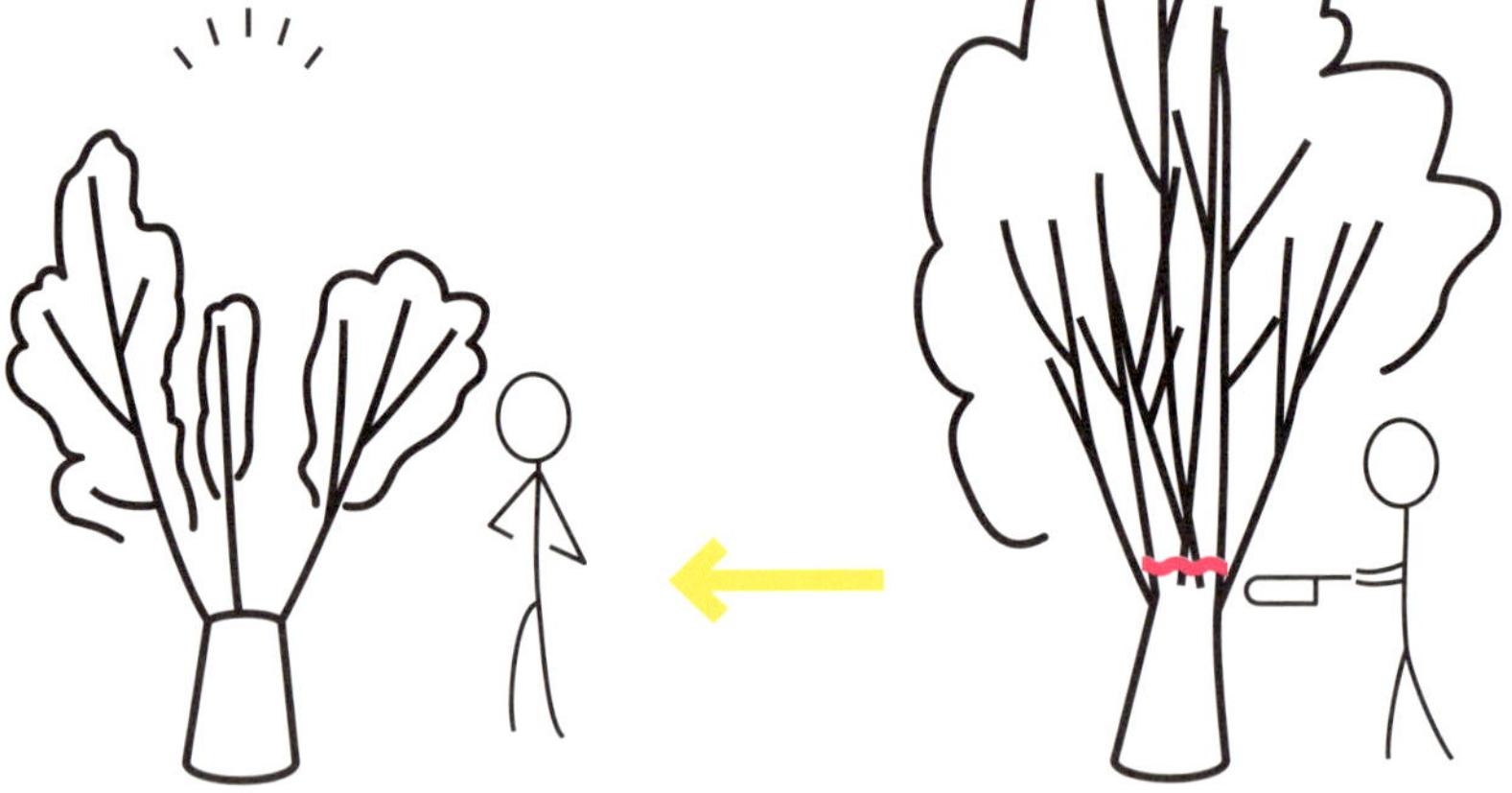

残した立ち枝は誘引して下げる

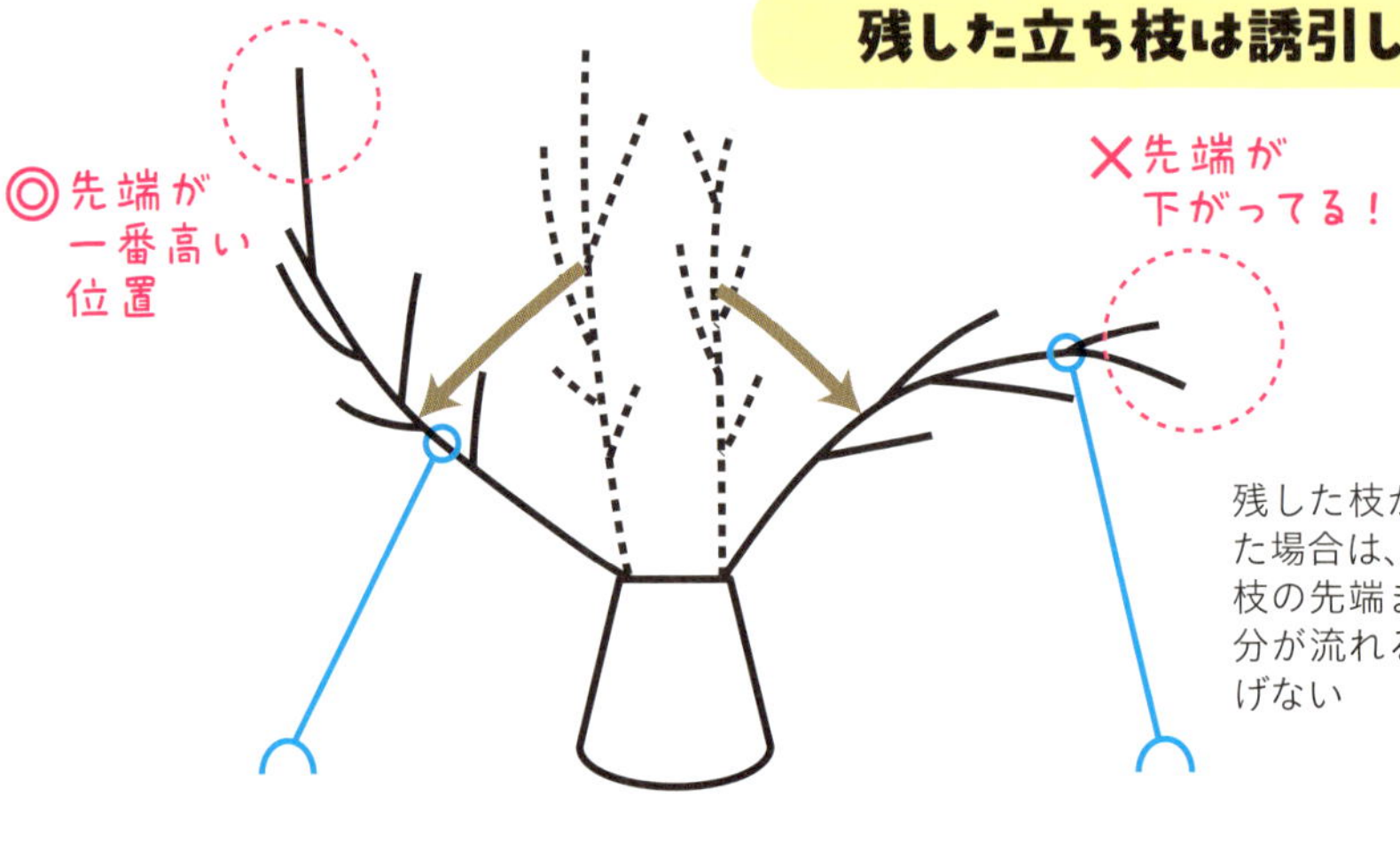

残した枝が立ち上がっていた場合は、誘引して下げる。枝の先端までスムーズに養分が流れるよう、先端は下げない

◆マークは14ページに用語解説あり

かもしれませんが、次の年からは順調に実ってくれるでしょう。おそらく今のあなたはトゲが刺さって血だらけなので、お風呂は気をつけてください。

対策3 根元からズバンと伐採

ただし、こんな教科書的なせん定なんて不可能なほど立ち上がってしまっている、もしくはできないこともないだろうがトゲだらけでやりたくないほど枝が入り組んでいる、かけがえのない私がユズやレモンのために血だらけになるわけにはいかないという場合、思い切って根元（腰の高さくらい）からの伐採を考えてみましょう。実際、もはや手に負えない、という状態のことも非常に多いのです。むしろ先述したような修正可能な状態のほうが少ないかもしれません。

根元からの伐採と聞くと、「あきらめよというのか、私の大事な大事なレモンちゃんを」と思われるかもしれませんが、まだ10年程度の若さであれば、根元から切ってもそこから徒長枝が大量に吹き出す可能性が高いのです。もちろん絶対ではなく、枯れる恐れも十分にあるので積極的に推奨はしないのですが、この方法で自分に一番都合のよい高さから仕立て直しができた、というパターンをいくつか見てきました。

腰の高さくらいで切って、その後に出てきた徒長枝で仕立て直していくのですが、根は大量に張っているので、また10年かけて……、というわけではありません。すぐに結実、というわけにもいきませんが、数年内に元の収穫量に追いつけるはずです。

最後に、今回解説した切り方はかなり大きな手術なので、どうやっても、多かれ少なかれ残した主幹の一部に枯れ込みが生じます。運が悪ければそのまま枯れてしまうこともありますし、運がよければぜんぜん影響なかったかのように感じるかもしれません。

本当は最初から少しずつ手間をかけて仕立てておくことが大切だということは肝に銘じて、ズバンと伐採しちゃいましょう。どうせやるなら今年が一番早いタイミング、つまり一番ダメージが少ないのですから。

根元から伐採して仕立て直し

枝が込み合いすぎてトゲだらけの場合、根元から切る方法も。もちろん、枯れてしまう恐れもあるが、徒長枝がたくさん出たら2〜5本に間引いて右ページのように仕立て直す

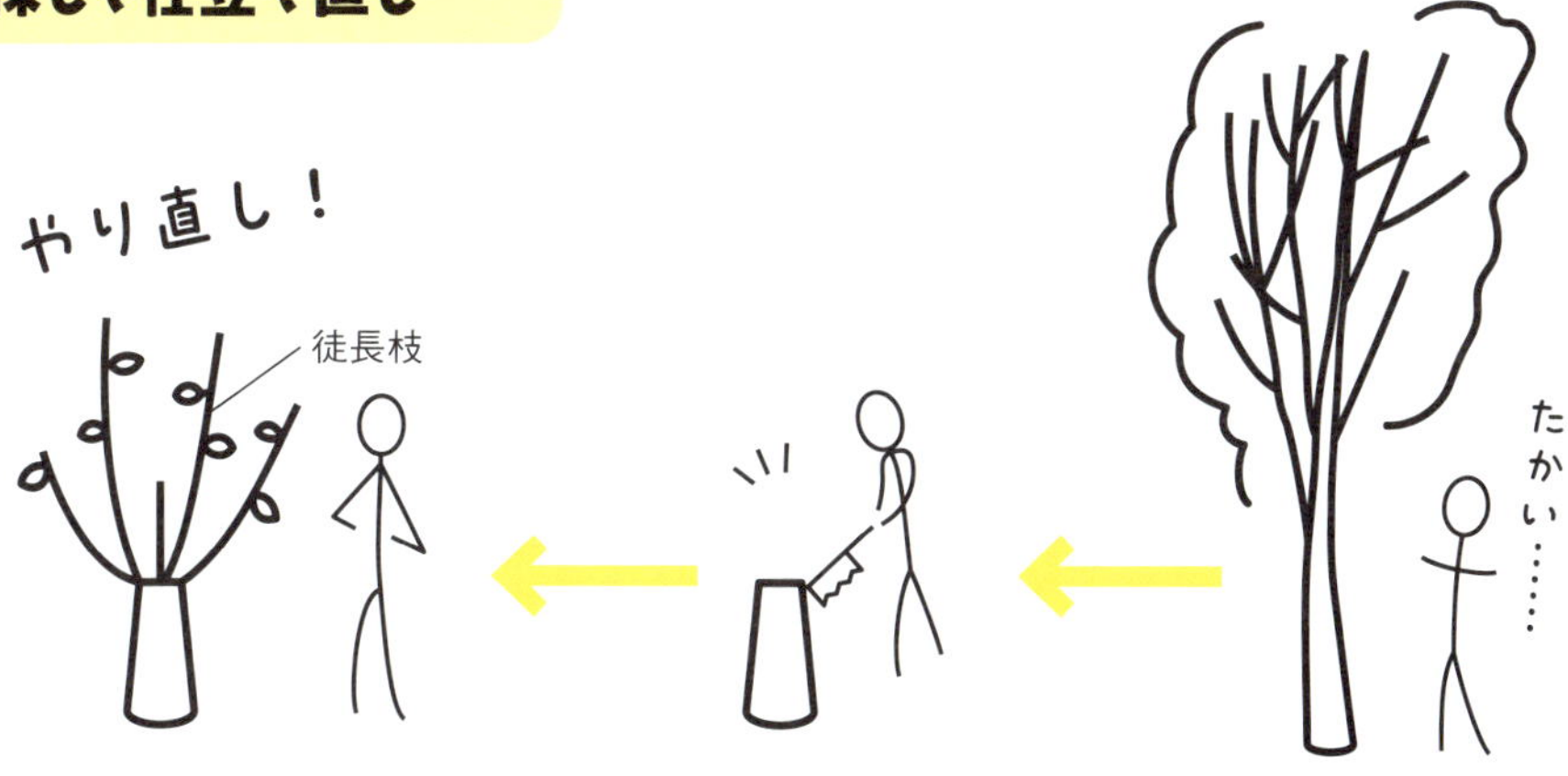

● 著 者 略 歴 ●

鶴 竣之祐（つる しゅんのすけ）

誰もが農にアクセスできる世界をつくることを目的に活動するノウカノタネ株式会社代表。福岡市で果樹・野菜を栽培するかたわら、福岡県内の施設にて園芸指導員として勤務。YouTubeチャンネル「科学的に楽しく自給自足ch」やPodcast番組「ノウカノタネ」で農にまつわるさまざまな話題を配信中。

写真：依田賢吾
ノウカノタネ
赤松富仁
花ひろばオンライン
農文協編集部

イラスト：鶴竣之祐
アルファデザイン

超わかりやすい
つるちゃんの 果樹のせん定完全攻略

2024年11月30日　第1刷発行
2024年12月25日　第2刷発行

著　者　鶴 竣之祐

発行所　一般社団法人 農山漁村文化協会
〒335-0022 埼玉県戸田市上戸田2丁目2－2
電話　048(233)9351（営業）　048(233)9355（編集）
FAX　048(299)2812　振替 00120-3-144478
URL　https://www.ruralnet.or.jp/

ISBN978-4-540-24139-0　DTP制作／(株)農文協プロダクション
〈検印廃止〉　印刷・製本／TOPPANクロレ(株)